Thérèse Trédoulat

Réussir son potager avec la Lune

Mars 2023 à février 2024

Rustica éditions

Sommaire

Dépôt légal : janvier 2023

www.rusticaeditions.com

La Lune et le potager

Les deux cycles lunaires

Lors de sa rotation autour de la Terre, la Lune monte jusqu'à son point le plus haut avant de descendre à nouveau jusqu'à son point le plus bas. Mais l'astre lunaire effectue un autre cycle, plus connu et visible. De la nouvelle lune, invisible dans le ciel, jusqu'à la pleine lune, elle est croissante ; de la pleine lune jusqu'à la nouvelle lune suivante, elle est décroissante. La durée de ces deux cycles étant différente, la Lune peut être à un moment donné à la fois ascendante et décroissante, ou inversement, descendante et croissante. Il est important de ne pas confondre ces deux révolutions, seule la première ayant de réelles influences sur les plantes et le jardinage.

Le mouvement ascendant et descendant

Appelé révolution sidérale, ce mouvement ascendant et descendant dure 27 jours, 7 heures, 43 minutes et 11 secondes. Le point le plus haut atteint par la Lune est le lunistice supérieur ou nord et le plus bas, le lunistice inférieur ou sud. En réalisant les gestes nécessaires aux plantes soit en période ascendante (ou montante), soit en période descendante, le jardinier profitera au maximum des bienfaits de la Lune.

La Lune ascendante

Durant la moitié de la révolution sidérale, soit environ 13,5 jours, la Lune est ascendante, elle monte dans le ciel. Elle traverse alors successivement six constellations, du Sagittaire, la plus basse, au Taureau, la plus haute.

Comment repérer cette période

Lorsque la Lune est visible dans le ciel (en dehors de la nouvelle lune), notez sa position dans le ciel par rapport à un point fixe de votre environnement (clocher, arbre solitaire, colline, pylône...) et regardez l'heure à votre montre comme sur le dessin ci-contre. Recommencez le lendemain, mais environ deux heures plus tard. La Lune est montante si elle est plus haute dans le ciel le deuxième jour. Vous trouverez toutes les périodes de Lune montante dans le calendrier (voir pp. 24 à 71).

Les gestes à réaliser au jardin

Lors de cette période, comme la Lune dans le ciel, la sève monte dans les vaisseaux des plantes et favorise le développement des parties aériennes. C'est le moment propice pour effectuer les travaux suivants.

• Les semis

La Lune et la sève qui montent favorisent une germination rapide et régulière des graines. Tenez compte bien évidemment de la météo, de la température du sol, de

La Lune ascendante

son état (ni trop sec ni gorgé d'eau) en fonction des végétaux à semer. Pour optimiser vos chances de réussite, opérez en plus en jours favorables à chaque plante (voir pp. 11 à 14).

• *Les récoltes*

Seuls les légumes dont la partie aérienne est consommée se récoltent en Lune ascendante lorsqu'ils sont arrivés à maturité. Les feuilles, fleurs ou fruits seront plus gorgés en sucres, en éléments minéraux et en vitamines. Ils auront plus de parfum et se conserveront plus longtemps. Selon les plantes concernées, effectuez les cueillettes lors du passage de la Lune devant les constellations favorables aux feuilles (Poissons), fleurs (Verseau) ou fruits (Bélier, Sagittaire) lorsque vous les transformez (congélation, stérilisation...). Pour une consommation en frais, il n'est malheureusement pas toujours possible de suivre la Lune, deux périodes favorables étant souvent trop éloignées. Il est alors plus important de cueillir les légumes au bon stade de développement. Ainsi, les haricots verts à filet doivent se récolter tous les deux jours pour ne pas avoir de fils. Or les deux périodes lunaires favorables en Lune ascendante pour les cueillir sont distantes d'environ dix jours. Opérez donc plus souvent. Coupez les brocolis avant l'ouverture des boutons, même si la période n'est pas idéale.

La Lune descendante

Après avoir été environ 13,5 jours montante, la Lune redescend durant la même durée. Elle passe alors devant les autres constellations de la fin du Taureau, la plus haute dans le ciel, jusqu'à la plus basse, le Sagittaire.

Comment repérer cette période

Un jour où la Lune est visible dans le ciel, repérez son niveau par rapport à un point fixe (arbre solitaire, clocher, colline, poteau...) et regardez l'heure à votre montre comme sur le dessin ci-contre. Placez-vous au même endroit le lendemain, mais environ deux heures plus tard. Si la Lune est située plus bas dans le ciel que la veille, elle est dans son mouvement descendant. Là encore, il est plus simple et rapide de consulter un calendrier lunaire.

Les gestes à réaliser au jardin

Pendant cette période de Lune descendante, la sève est refluée vers les racines. C'est le bon moment pour travailler et enrichir le sol, éclaircir, repiquer, planter, traiter, bouturer, diviser, marcotter, tailler toutes les plantes et récolter uniquement les légumes-racines.

• La préparation et l'enrichissement du sol

Le sol n'est pas un support de culture inerte, il est vivant. En le travaillant en douceur et en Lune descendante, vous favorisez les échanges avec les végétaux qui y sont plantés. Les matières organiques naturelles (fumier ou compost) apportées pendant cette période seront bien décomposées par la faune microbienne et les vers de terre puis, dans un second temps, absorbées par les racines des végétaux. Pour les plantes déjà installées, effectuez ces deux opérations en respectant les bonnes constellations (voir pp. 11 à 14). Pour le travail général du sol du potager et sa fumure, réalisés entre l'automne et la fin de l'hiver, il est plus simple d'opérer sur toute la surface lors des jours-racines, toujours favorables au sol. Entre le printemps et l'automne, pour le travail superficiel (binage, griffage) et les apports spécifiques d'engrais, opérez lorsque la Lune passe devant les constellations propres à chaque type de légumes, racines (Vierge), feuilles (Cancer, Scorpion), fleurs (Balance, Gémeaux) ou fruits (Lion).

La Lune apprécie le naturel !

Pour amplifier les effets prodigués par la Lune, il faut respecter son sol et les plantes qui y sont cultivées. N'employez donc que des engrais et des produits de traitements naturels et non chimiques. Stimulez vos légumes avec des extraits de plantes. Tenez compte des associations favorables et pratiquez une bonne rotation. Utilisez les engrais verts, les paillages qui enrichissent et protègent le sol. Favorisez la présence des auxiliaires dévoreurs de parasites et des butineurs pour augmenter vos récoltes.

La Lune descendante

• L'éclaircissage

Quelques jours après la germination, au bon stade propre à chaque espèce, éclaircissez les légumes ou les fleurs du potager, en Lune descendante et en respectant si possible la bonne constellation.

• Le repiquage et la plantation

En agissant en Lune descendante, la reprise des jeunes plants sera plus rapide et facile. Les racines se dirigeront plus naturellement vers la profondeur, l'alimentation en eau et en éléments nutritifs des plantes sera meilleure, elles résisteront mieux à la sécheresse. Un bon départ est souvent le gage de la réussite d'une culture. Opérez en jours-racines (Vierge), feuilles (Cancer, Scorpion), fleurs (Balance, Gémeaux) ou fruits (Lion).

• Les traitements

Pour qu'ils restent plus longtemps en contact avec les plantes, leurs parasites ou leurs maladies à éliminer, pulvérisez de préférence les traitements naturels préventifs lors de périodes lunaires descendantes et en tenant compte des constellations. En cas d'urgence, il est préférable d'intervenir au plus tôt, respectez alors en priorité les bonnes constellations et traitez même si la Lune est dans son mouvement ascendant.

• La multiplication

Le bouturage, le marcottage et la division s'effectuent en Lune descendante. Pour le bouturage, préférez le début de cette période, la réussite est souvent meilleure. La sève qui vient de monter dans la partie aérienne des boutures redescend, favorisant l'apparition des premières radicelles avant le démarrage des bourgeons. Pour ces divers modes de multiplication, choisissez les constellations en affinité avec les feuilles (Cancer, Scorpion), les fleurs (Balance, Gémeaux) ou les fruits (Lion) selon les végétaux concernés.

À savoir

Dans la pratique, il est rarement possible d'effectuer tous les gestes en période favorable, soit en Lune ascendante soit en Lune descendante. Il est alors possible de « rattraper » les effets défavorables (voir pp. 20-21).

• La taille

Les tailles – mais aussi les pincements et les tontes des allées engazonnées du potager – réalisées en Lune descendante, quand la sève alimente les racines, limitent la croissance des parties aériennes. Les plantes se ramifient mieux, elles sont plus denses et compactes. Vous interviendrez ainsi moins souvent. Tenez compte des constellations propices à chaque type de végétaux pour renforcer les effets de la Lune.

• La récolte des racines

Seuls les légumes-racines (dont on consomme cette partie) se récoltent en Lune descendante et, bien sûr, lors des jours-racines (Vierge) qui leur sont favorables. Les racines seront plus riches en réserves nutritives, minéraux et vitamines. Respectez impérativement ces deux périodes lors de leur arrachage en automne, avant de les stocker en cave ou en silo. Les racines se conserveront mieux et plus longtemps. Pour une consommation en frais, opérez selon vos besoins, de préférence en jours-racines.

Les quatre phases lunaires

La Lune croissante

La Lune effectue un autre cycle d'une durée proche du premier, soit 29 jours, 12 heures, 44 minutes et 2 secondes. Il se nomme la révolution synodique. Pendant la première moitié de cette période, la Lune est croissante ou « jeune », entre la nouvelle lune et la pleine lune. À la nouvelle lune, le Soleil éclaire la face opposée à la Terre, ce qui rend l'astre lunaire invisible. Puis peu à peu, un croissant apparaît, il forme ensuite le premier quartier et plus tard la pleine lune. Quand le croissant de la Lune grossit un peu chaque jour, elle est croissante. Une astuce bien connue permet de savoir si la Lune est croissante. Placez une barre verticale du côté creux du croissant. Si vous pouvez former un « P » comme premier quartier, la Lune est croissante.

La Lune décroissante

Pendant l'autre moitié de la révolution synodique, de la pleine lune à la nouvelle lune suivante, la Lune est décroissante ou « vieille ». Entièrement éclairée par le Soleil lors de la pleine lune, elle nous apparaît presque toute ronde, comme un disque. Peu à peu, elle s'amincit pour former le dernier quartier puis disparaît complètement. Un nouveau cycle va alors recommencer. Quand le croissant de la Lune diminue, elle est décroissante. Si, en plaçant une barre verticale du côté creux du croissant, vous voyez un « D » comme dernier quartier, la Lune est alors décroissante.

Les conséquences sur les plantes

Contrairement au mouvement ascendant et descendant de la Lune, les phases croissantes puis décroissantes ont peu d'incidences sur le sol et les plantes. Le jardinier n'en tient pas compte lors de ses travaux quotidiens.

Les douze constellations du zodiaque

Lors de sa rotation autour de la Terre, la Lune traverse simultanément douze constellations situées dans une « bande » d'environ 18°.
Elles ont été divisées en quatre groupes, les constellations de Terre, d'Eau, d'Air et de Feu, chacune en affinité avec les quatre organes des plantes, les racines, les feuilles, les fleurs et les fruits.

Les constellations sont des groupes d'étoiles qui portent des noms d'animaux dont ils sont censés avoir la forme. Au fil du temps, nos ancêtres jardiniers ont remarqué que les plantes réagissaient différemment selon la constellation traversée par la Lune. Ils en ont conclu que la Lune devait non seulement diffuser vers la Terre ses propres forces cosmiques, mais aussi celles qu'elle captait lors de son passage devant chaque constellation. Ainsi, les douze constellations sont divisées en quatre groupes, les constellations de Terre, d'Eau, d'Air et de Feu, chacune en affinité avec les quatre organes des plantes, les racines, les feuilles, les fleurs et les fruits. La surface occupée par chaque constellation (mesurée en degré) étant plus ou moins importante, la Lune y reste plus ou moins longtemps. Par conséquent, le jardinier n'a pas le même temps pour s'occuper des légumes-fleurs ou des légumes-racines. Le classement des végétaux en

Les douze constellations du zodiaque et les plantes

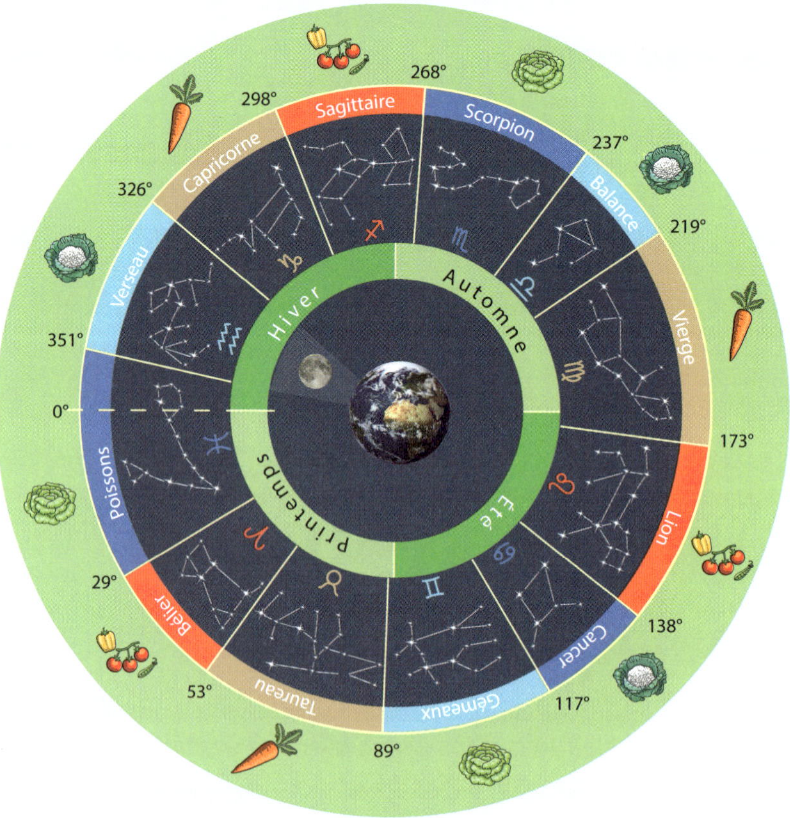

Plus ou moins grande, chaque constellation occupe une surface différente, exprimée en degré, que la Lune traverse plus ou moins vite. Elles sont réunies en quatre groupes :

- en marron, les constellations de Terre (Capricorne, Taureau, Vierge) favorables aux racines ;
- en bleu foncé, les constellations d'Eau (Poissons, Cancer, Scorpion) favorables aux feuilles ;
- en bleu clair, les constellations d'Air (Verseau, Balance, Gémeaux) favorables aux fleurs ;
- en rouge, les constellations de Feu (Bélier, Sagittaire, Lion) favorables aux graines et aux fruits.

racines, feuilles, fleurs ou fruits se fait selon la partie de la plante que l'on consomme (voir pp. 22-23).

Les trois constellations de Terre : les racines

Pendant son trajet autour de la Terre, la Lune parcourt les constellations du Capricorne et du Taureau lorsqu'elle est ascendante et celle de la Vierge quand elle est descendante. Ces trois constellations de Terre ont une influence sur les racines qui sont directement liées à cet élément puisqu'elles y poussent. Les plantes dont on consomme la partie souterraine, différents types de racines ou bulbes potagers, composent cette catégorie. En respectant les périodes lunaires favorables aux racines, vos légumes seront plus riches en éléments nutritifs, en vitamines et en minéraux. Ils se conserveront également plus longtemps.

Deux cas particuliers

L'endive est un légume-racine du semis à l'arrachage. En effet, la culture au jardin vise à obtenir de belles racines. Ensuite, lors de son forçage, de la plantation des racines en cave ou en silo à la récolte des chicons, elle devient un légume-feuille. La récolte se fait donc en jours-feuilles. Pour les poireaux, la partie que nous consommons, appelée fût, est sous terre en permanence. Ils sont buttés et enterrés tout au long de leur séjour au jardin pour les attendrir et les blanchir. Il est donc normal de les inclure dans la catégorie des légumes-racines.

La durée pour jardiner

Pendant le mois lunaire qui dure un peu plus de 27 jours, le jardinier a donc la possibilité de s'occuper des plantes-racines à trois périodes différentes. Le Capricorne couvre une surface de 28°, le Taureau de 36° et la Vierge de 46°. L'ensemble des constellations de Terre représente donc 110°, dont 64° en Lune ascendante et 46° en Lune descendante. Les trois constellations de Terre sont les plus étendues du zodiaque, vous aurez donc toujours plus de temps pour vous occuper des légumes-racines que des trois autres types de plantes.

Les trois constellations d'Eau : les feuilles

Lors de son périple autour de la Terre, la Lune passe devant trois constellations d'Eau. Il s'agit des Poissons quand elle est ascendante, du Cancer et du Scorpion quand elle est descendante. À ces moments-là, la Lune a une influence particulièrement importante sur les parties feuillues des végétaux, très riches en eau, que ce soit les légumes ou le gazon. Vous vous occuperez donc des aromatiques (ciboulette, persil, thym...), des légumes-feuilles (cardon, chou pommé, laitue, mâche...) et des endives lors de leur forçage (à partir de la plantation des racines jusqu'à la récolte des chicons). Les bienfaits apportés par la Lune sont multiples : vigueur des végétaux, meilleure résistance aux parasites et aux maladies, parfum plus intense, durée de vie plus longue pour les plantes pérennes.

La durée pour jardiner

Chaque mois lunaire vous donnera trois périodes pour soigner les plantes-feuilles, une, en Lune montante, pour les semis et les récoltes, deux, en Lune descendante, pour les plantations et tous les autres gestes. La constellation des Poissons s'étend sur 38°, celle du Cancer sur 21° et celle du Scorpion sur 31°. Les trois constellations d'Eau couvrent au total 90°, dont 38° en Lune ascendante et 52° en Lune descendante. C'est la durée la plus longue après les racines. Vous aurez donc assez de temps pour cultiver et soigner les plantes-feuilles.

Les trois constellations d'Air : les fleurs

Quand la Lune tourne autour de la Terre, elle traverse à trois moments différents du mois lunaire, les trois constellations d'Air que sont le Verseau, la Balance et les Gémeaux. La première se situe en Lune montante et les deux autres en Lune descendante. L'astre lunaire se charge alors de forces bénéfiques et les transmet aux fleurs qui s'épanouissent dans l'élément Air. C'est le moment de s'occuper des légumes-fleurs, des fleurs comestibles, utiles – car elles sont mellifères, favorisent une bonne croissance, attirent ou repoussent certains parasites ou maladies – et à bouquets. Toutes les fleurs seront plus belles, saines, dureront plus longtemps, les artichauts, les choux brocolis et les choux-fleurs récoltés aux bonnes périodes seront plus riches en vitamines, en principes actifs et se conserveront davantage.

La durée pour jardiner

Un mois lunaire d'environ 27 jours vous laisse également trois possibilités pour intervenir sur les plantes-fleurs. Opérez lorsque la Lune passe devant le Verseau, durant 25°, puis en Balance, pendant 18°, et en Gémeaux, 28°. Au total, les constellations d'Air représentent 71° de la surface parcourue par la Lune, soit 25° en période ascendante (en Verseau) et 46° en période descendante. Ces trois constellations étant les moins étendues, elles laissent le moins de temps au jardinier pour s'occuper des plantes à fleurs.

Les trois constellations de Feu : les fruits

Pendant sa course autour de la Terre, la Lune passe devant les trois dernières constellations que sont le Bélier, le Sagittaire, en Lune ascendante et le Lion en Lune descendante. Ces constellations de Feu sont favorables à la maturité des graines et des fruits. En soignant les aubergines, concombres, courgettes, fraisiers, framboisiers, groseilliers, haricots, tomates à ces périodes lunaires, vous obtiendrez des fruits plus riches en sucres, plus sains et aux parfums plus intenses. C'est également le bon moment pour récolter les semences de tous les légumes et les fleurs que vous voulez ressemer. Elles se garderont longtemps.

La durée pour jardiner

Pendant la durée du mois lunaire, vous aurez aussi trois périodes différentes, correspondant aux plantes-fruits. Elles durent 24° pour le Bélier, 30° pour le Sagittaire, soit 54° en Lune montante et 35° en Lion, en Lune descendante, soit un total de 89°. Cette durée est presque équivalente à celle des constellations d'Eau. Vos légumes-fruits et vos petits fruits bénéficieront de vos attentions plusieurs jours par mois.

Degré et unité de temps

La durée du passage de la Lune devant chaque constellation est exprimée en degré. Elle est variable, chacune occupant une surface plus ou moins grande dans le ciel. La conversion en unité de temps est plus difficile, la vitesse de rotation de la Lune autour de la Terre étant plus ou moins rapide. De ce fait, 10° ne correspondent pas toujours au même nombre d'heures.

Quand la Lune est défavorable

Les actions de la Lune sont souvent bénéfiques sur le sol et les plantes, mais pas toujours. À certains moments de son périple autour de la Terre ou lorsque plusieurs événements lunaires sont proches, ses effets deviennent néfastes. Il est alors préférable de ne pas jardiner pendant quelques heures. Reposez-vous un peu.

L'apogée et le périgée

Lors de sa rotation autour de la Terre, la Lune ne forme pas un cercle parfait, mais une orbite elliptique. À chaque tour, elle passe par un point le plus éloigné de la Terre et un autre le plus proche.

L'apogée

L'apogée correspond au point le plus éloigné entre la Terre et la Lune. Sa vitesse est alors la plus lente, autour de 12° par jour. Cette distance est d'environ 406 700 km. Il s'écoule 27 jours, 13 heures, 18 minutes et 33 secondes entre deux passages consécutifs de la Lune à son apogée. Ce cycle est appelé révolution anomalistique.

Lors de l'apogée, la Lune étant trop éloignée, son attraction et donc ses bienfaits sont plus faibles. Les plants issus de semis se développent moins et restent chétifs. Ils ne rattrapent jamais ce retard de croissance et adultes deviennent plus sensibles aux parasites et aux maladies.

Apogée et périgée

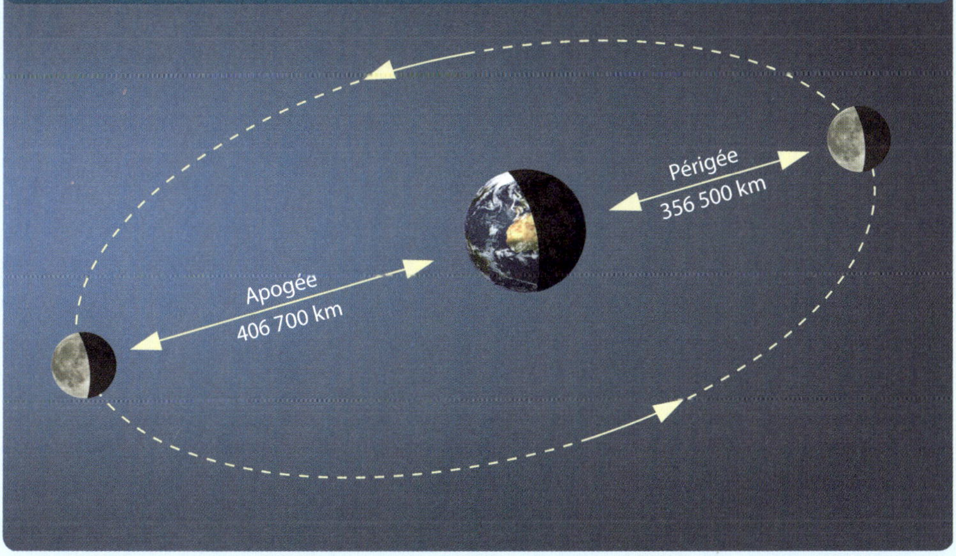

Les nœuds lunaires

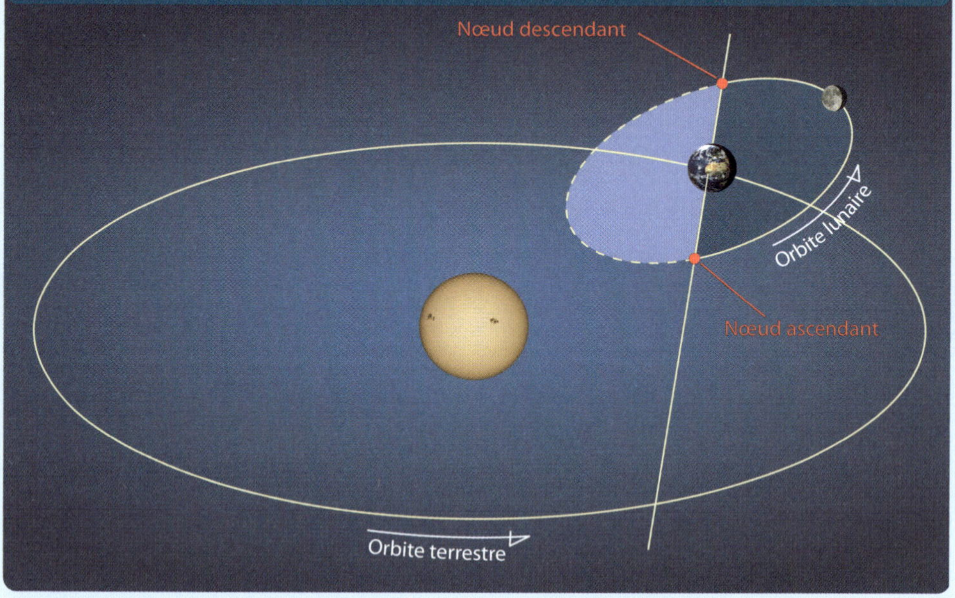

Il est donc préférable de ne pas jardiner pendant les 5 heures qui précèdent et les 5 heures qui suivent les apogées.

Le périgée

À l'inverse de l'apogée, le périgée désigne le point le plus proche entre la Lune et la Terre lors de sa course ininterrompue. La distance est d'environ 356 500 km et la vitesse de la Lune la plus rapide, autour de 15° par jour. Deux périgées successifs sont également séparés par 27 jours, 13 heures, 18 minutes et 33 secondes. Là encore, la Lune envoie des effets négatifs, son attraction étant cette fois-ci trop forte. Les jeunes plants sont étiolés, allongés à l'excès et trop frêles. Ils ne retrouvent jamais leur vigueur et restent plus fragiles durant toute leur vie. Ne jardinez pas pendant les 5 heures qui précèdent et les 5 heures qui suivent les périgées.

Les nœuds lunaires

À chaque mois lunaire, la Lune coupe deux fois par mois le plan de la rotation de la Terre autour du Soleil ou écliptique. Ces deux points sont le nœud lunaire ascendant et le nœud lunaire descendant. Plus précisément, lorsque la Lune touche l'écliptique dans le sens sud-nord, le nœud est ascendant et il est descendant quand la Lune franchit ce plan dans le sens nord-sud. Ce parcours est appelé révolution draconitique. Il s'écoule 27 jours, 5 heures, 5 minutes et 36 secondes entre deux passages consécutifs au même nœud, soit ascendant, soit descendant.

La durée de la rotation de la Lune autour de la Terre étant légèrement plus longue, il est possible qu'un nœud lunaire ascendant intervienne en période de Lune descendante. Inversement, un nœud lunaire

descendant peut avoir lieu lors du mouvement ascendant de l'astre lunaire.
Lors de ces passages aux nœuds, les perturbations lunaires sont importantes et il est préférable d'attendre une situation plus calme et favorable. Ne jardinez donc pas 5 heures avant et 5 heures après un nœud lunaire ascendant ou descendant.

Les éclipses

Ces disparitions momentanées d'un astre sont dues à la position de la Lune, du Soleil et de la Terre les uns par rapport aux autres. Elles perturbent les végétaux et il est préférable de ne pas jardiner à ces moments-là.

Les éclipses de Lune

Lorsque la pleine lune a lieu autour d'un nœud lunaire, qu'il soit ascendant ou bien descendant, il se produit une éclipse de Lune. La Terre se trouve alors entre la Lune et le Soleil. Elle cache donc une partie ou la totalité de l'astre lunaire. Une éclipse de Lune est visible simultanément en toutes régions à condition que la Lune soit levée à ce moment-là.

Les éclipses de Soleil

Si la nouvelle lune se trouve près d'un nœud (ascendant ou descendant), une éclipse de Soleil est inévitable. La Lune s'intercale alors entre le Soleil et la Terre. Elle empêche le Soleil d'éclairer une surface plus ou moins importante de la Terre. L'éclipse de Soleil n'est visible que depuis les régions qui sont dans l'ombre.

Le nombre et la fréquence des éclipses

Chaque année, il survient au minimum quatre éclipses, obligatoirement deux de Lune et deux autres de Soleil, et sept au maximum. Toutes les combinaisons sont possibles pour les trois autres éclipses. Les éclipses sont souvent groupées en série de deux ou de trois, au cours du même mois lunaire. Elles reviennent régulièrement toutes les six lunaisons. Qu'elles soient de Lune ou de Soleil, les plantes perçoivent des effets négatifs pendant ces périodes. Leur croissance peut être perturbée. Ne jardinez pas au moins 5 heures avant et 5 heures après une éclipse de Lune ou de Soleil.

Le calendrier lunaire : mars 2023 à février 2024

Jardiner avec la Lune en pratique

Pour profiter pleinement des effets positifs de la Lune, il faut associer son mouvement ascendant ou descendant aux constellations traversées et en relation avec un type de plante, racine, feuille, fleur ou fruit.

Pour jardiner avec la Lune, reportez-vous au calendrier qui suit (pp. 24 à 71). Les horaires indiqués ont été calculés de manière officielle par l'Institut de mécanique céleste et de calcul des éphémérides (www.imcce.fr), mais il est nécessaire de les ajuster.

Selon la longitude

Les horaires doivent être affinés selon le lieu où vous jardinez. Positionnez votre jardin au bon endroit du fuseau horaire (voir carte ci-contre). Les heures sont décalées de 4 minutes à chaque tranche du fuseau horaire. Les minutes sont à déduire des horaires donnés pour les régions situées à l'ouest du méridien, elles doivent être ajoutées pour les régions situées plus à l'est. Pour Brest, déduisez 20 minutes. Passez donc à la période suivante du calendrier 20 minutes plus tôt. Pour Strasbourg, le décalage est de 32 minutes. Le geste en cours peut donc être poursuivi 32 minutes de plus que l'heure indiquée.

Sans vous précipiter

Si les horaires indiqués le sont à la minute près, notamment les passages entre les périodes ascendantes et descendantes de la Lune et les changements de constellation, la Lune ne réagit pas aussi vite ! Ne passez donc pas à un autre geste ou à un autre type de plante dès la première minute de l'heure indiquée, mais prévoyez large. Pensez à déduire les périodes de 10 heures où il est préférable de ne pas jardiner, autour des apogées, périgées, nœuds lunaires ascendants, descendants et des éclipses.

Pour atténuer les effets défavorables

Il est difficile de suivre toutes les bonnes périodes lunaires, à cause de la météo, d'une indisponibilité ou d'un laps de temps réduit. Suivez le mouvement ascendant ou descendant et les constellations favorables à chaque type de plante, en priorité pour le travail et l'enrichissement du sol, les semis, les repiquages, les plantations, les tailles et les méthodes de multiplication. Ces gestes sont ceux qui ont le plus de conséquences sur le bon développement des végétaux.

Si à un moment donné, vous n'avez pas pu effectuer un geste lors d'une période favorable, réalisez tous les autres jusqu'à la récolte de ce légume, lors des moments propices par rapport à la position de la Lune. Vous rattraperez en quelque sorte les effets négatifs des mauvaises périodes précédentes.

Carte des horaires

Cette carte vous permet d'ajuster les horaires donnés dans le calendrier lunaire. Situez votre jardin dans la bonne zone et rectifiez les heures. Retranchez des minutes pour les régions à l'ouest du méridien de Greenwich et ajoutez-en pour celles situées plus à l'est.

Comment jardiner avec la Lune

Lorsque vous avez envie de jardiner, choisissez le geste à effectuer selon la période lunaire du moment, montante ou descendante (colonne 1). Tenez compte de la constellation traversée par la Lune, favorable à un type de plante (colonne 2). Effectuez le geste sur un légume, une aromatique ou un petit fruit appartenant à ce groupe (colonne 3).

Mouvement de la Lune	Constellations	Plantes concernées
En Lune montante : • semez tous les types de plantes ; • récoltez : - les feuilles (chou pommé, laitue...) ; - les fleurs (artichaut, chou-fleur...) ; - les fruits (courge, haricot, tomate...) ; - les graines pour renouveler vos semences (tous les légumes, toutes les fleurs).	**Sagittaire** Feu	**Graines et fruits** Aromatiques (2), aubergine, concombre, cornichon, courge, courgette, fève, fraisier, haricot, melon, petits fruits, piment, pois, poivron, tomate.
	Capricorne Terre – 28°	**Racines** Betterave, carotte, céleri-rave, cerfeuil tubéreux, endive (1), navet, oignon, panais, persil tubéreux, poireau, radis, rutabaga, salsifis, scorsonère.
	Verseau Air – 25°	**Fleurs** Artichaut, chou brocoli à jets, chou-fleur, safran.
	Poissons Eau – 38°	**Feuilles** Aromatiques, asperge, cardon, céleri à côtes, chicorée, choux (de Bruxelles, de Chine, pommé), endive (1), épinard, fenouil doux, laitue, mâche, oseille, pissenlit, poirée, pourpier, rhubarbe, roquette, tétragone.
	Bélier Feu – 24°	**Graines et fruits** Aromatiques (2), aubergine, concombre, cornichon, courge, courgette, fève, fraisier, haricot, melon, petits fruits, piment, pois, poivron, tomate.
	Taureau Terre – 36°	**Racines** Betterave, carotte, céleri-rave, cerfeuil tubéreux, endive (1), navet, oignon, panais, persil tubéreux, poireau, radis, rutabaga, salsifis, scorsonère.
	Gémeaux Air	**Fleurs** Artichaut, chou brocoli à jets, chou-fleur, safran.

Mouvement de la Lune	Constellations	Plantes concernées
En Lune descendante : • préparez et enrichissez le sol ; • éclaircissez tous les semis ; • repiquez toutes les plantes ; • installez toutes les plantes ; • entretenez toutes les plantes ; • récoltez les racines (ail, navet, radis...) ; • bouturez, divisez, marcottez toutes les plantes ; • taillez toutes les plantes ; • traitez toutes les plantes.	**Gémeaux** Air	**Fleurs** Artichaut, chou brocoli à jets, chou-fleur, safran.
	Cancer Eau – 21 °	**Feuilles** Aromatiques, asperge, cardon, céleri à côtes, chicorée, choux (de Bruxelles, de Chine, pommé), endive (1), épinard, fenouil doux, laitue, mâche, oseille, pissenlit, poirée, pourpier, rhubarbe, roquette, tétragone.
	Lion Feu – 35°	**Graines et fruits** Aubergine, concombre, cornichon, courge, courgette, fève, fraisier, haricot, melon, petits fruits, piment, pois, poivron, tomate.
	Vierge Terre – 46°	**Racines** Ail, betterave, carotte, céleri-rave, cerfeuil tubéreux, crosne, échalote, endive (1), navet, oignon, panais, persil tubéreux, poireau, pomme de terre, radis, raifort, rutabaga, salsifis, scorsonère, topinambour.
	Balance Air – 18°	**Fleurs** Artichaut, chou brocoli à jets, chou-fleur, safran.
	Scorpion Eau – 31°	**Feuilles** Aromatiques, asperge, cardon, céleri à côtes, chicorée, choux (de Bruxelles, de Chine, pommé), endive (1), épinard, fenouil doux, laitue, mâche, oseille, pissenlit, poirée, pourpier, rhubarbe, roquette, tétragone.
	Sagittaire Feu	**Graines et fruits** Aubergine, concombre, cornichon, courge, courgette, fève, fraisier, haricot, melon, petits fruits, piment, pois, poivron, tomate.

(1) Endive : du semis à l'arrachage des racines, cultivez-la en jours-racines ; de la plantation des racines pour le forçage jusqu'à la récolte des chicons, opérez en jours-feuilles. (2) Aromatiques : uniquement pour la récolte des graines.

Mars 2023

ATTENTION, tous les horaires sont donnés en temps universel (T.U.). Ajoutez 1 heure en hiver et 2 heures entre le 26 mars et le 28 octobre 2023.

mercredi 1 – jeudi 2 – vendredi 3 – samedi 4 – dimanche 5 – lundi 6 – mardi 7 – mercredi 8 – jeudi 9 – vendredi 10 – samedi 11 – dimanche 12 – lundi 13 – mardi 14 – mercredi 15 – jeudi 16

LUNE MONTANTE
14 h 05
APOGÉE 18 H 00
12 h 40
LUNE DESCENDANTE
8 h 53
2 h 08
21 h 39
LUNE MONTANTE

3 h 41

Œilletonnez ou plantez les artichauts dans des trous enrichis de compost, espacés de 1 m en tous sens. Arrosez dans une cuvette de terre. Repiquez en pépinière les choux-fleurs semés du 23 au 25 janvier. Enterrez les plants jusqu'aux premières feuilles.

9 h 53

Le 3, ne jardinez pas après 12 h 55.
Plantez les asperges sur des buttes réalisées dans les tranchées. Couvrez les griffes de 5 cm de terre fine et arrosez. Repiquez en pépinière les choux cabus semés du 25 au 27 janvier.

1 h 11

Binez les pois et les fèves, semés les 28 et 29 janvier, posez les rames au pied des variétés grimpantes. Installez des petits fruits vendus en conteneurs, des cassissiers, groseilliers et devant une armature des framboisiers. Hydratez les mottes, dépotez-les et mettez-les en place tous les 1 m de distance. Palissez les cannes des framboisiers en éventail.

0 h 29

Le 11, ne jardinez pas avant 14 h.
En lignes espacées de 80 cm, installez les pommes de terre précoces 'Belle de Fontenay', 'BF 15', 'Manon', 'Agata' et 'Amandine' tous les 35 cm, les germes vers le haut, à 10 cm de profondeur. Vous butterez les rangs quand le feuillage aura 25 cm de hauteur. Plantez l'oignon rocambole, les plants de crosnes, de topinambours et de raiforts conservés de l'an dernier ou achetés. Éclaircissez les oignons de couleur semés les 30-31 janvier.

15 h 30

Repiquez en pépinière les choux-fleurs et les brocolis semés les 20-21 février. Arrachez de beaux plants avec une motte. Installez-les tous les 10 cm en enterrant la base des tiges, tassez et arrosez.

7 h 06

Blanchissez les pissenlits. Plantez ou divisez des pieds âgés de ciboulette, estragon, oseille et rhubarbe, apportez du compost. Installez les griffes d'asperges sur des buttes, couvrez-les de 5 cm. Éclaircissez les épinards, pissenlits et plantez les laitues, semés les 22 et 23 février.

6 h 28

À 20 °C, en caissette, semez les aubergines 'de Barbentane', 'Baluroi', 'Violette longue', les piments et poivrons 'Doux d'Espagne', 'de Cayenne', 'de la Bresse', couvrez les graines. Tassez, arrosez, posez une vitre. Retournez-la tous les jours pour ôter la buée.

Les nœuds lunaires ascendants ou descendants et les périodes de lunes montantes ou descendantes correspondent à des notions différentes. Ainsi, peut-on avoir un nœud descendant en période de lune montante et inversement.

PERMACULTURE

Pour limiter sa propagation, plantez la menthe (en lune descendante et jours-feuilles) dans un pot que vous enterrerez à moitié à la mi-ombre.

Mes notes

Mars 2023

jeudi **16**

En serre, à 18-20 °C, semez des tomates. Couvrez les graines, tassez et vaporisez d'eau. Couvrez d'une vitre, à essuyer tous les jours pour ôter la condensation. Retirez-la à la germination.

vendredi **17**

12 h 39

samedi **18**

En place, semez des carottes 'de Colmar 2', 'de Meaux', 'Nantaise améliorée 2', des radis de tous les mois et en rangs larges, des betteraves 'd'Égypte' ou 'Détroit 3'. En caissette, à 18-20 °C, semez du céleri-rave 'Monarch'.

dimanche **19**

PÉRIGÉE 15 H 12

8 h 51

Le 19, ne jardinez pas après 10 h.
En pépinière bien exposée, semez les choux-fleurs 'Neckarperle', Sérac', 'Snow Crown', les brocolis 'Romanesco', 'Verdia'. Tassez avec le dos du râteau et arrosez en pluie fine. Vous les repiquerez toujours en pépinière tous les 10 cm.

lundi **20**

ÉQUINOXE DE PRINTEMPS 21 H 24

mardi **21**

17 h 23

12 h 43

Semez en pépinière, des choux cabus 'Quintal d'Alsace', 'Tête de pierre', 'Tête noire 3', des choux de Bruxelles pour l'automne ; en terrine, à 25 °C, des frisées 'de Meaux', 'Très fine maraîchère', 'Grosse pommant seule' ou scarole 'Grosse bouclée 2', 'Natacha', 'Géante maraîchère' ; en place, de la roquette, du persil, du cerfeuil, des épinards.

mercredi **22**

jeudi **23**

LUNE MONTANTE

☊ 2 h 07

16 h 53

vendredi **24**

Le 24, ne jardinez pas avant 7 h 15.
Semez les pois ronds, ridés, mangetout et les fèves, en lignes distantes de 30 à 40 cm. Vous les binerez un peu après la germination. À 20-25 °C, semez trois graines de melon et de physalis par godet.

samedi **25**

16 h 16

dimanche **26**

En place, en lignes, en distançant bien les graines, semez des radis de tous les mois ronds ou demi-longs. Semez aussi les panais 'Demi-long de Guernesey' en rangs espacés de 30 à 40 cm, et en pépinière, des poireaux 'Malabare', 'de Carentan', 'Electra'. Après la levée, vous éclaircirez les plants de poireaux tous les 5 cm. À récolter tous les deux en automne.

lundi **27**

mardi **28**

11 h 22

21 h 26

mercredi **29**

2 h 32

Plantez tous les 70 cm, les choux-fleurs semés du 23 au 25 janvier. Prélevez les plants avec une motte, enterrez-les jusqu'aux premières feuilles pour renforcer l'enracinement. Tassez fortement et arrosez.

jeudi **30**

17 h 05

vendredi **31**

APOGÉE 11 H 17

LUNE DESCENDANTE

Le 31, ne jardinez pas avant 16 h 25.
En terre ou en pots, plantez les aromatiques, cerfeuil, ciboulette, estragon, persil, romarin, sauge, thym.

Les nœuds lunaires ascendants ou descendants et les périodes de lunes montantes ou descendantes correspondent à des notions différentes. Ainsi, peut-on avoir un nœud descendant en période de lune montante et inversement.

Mes notes

L'info du mois

En lune montante, semez et récoltez les parties aériennes des légumes. Suivez ces dates pour la transformation, récoltez selon vos besoins pour une dégustation en frais.

Avril 2023

samedi 1
dimanche 2
lundi 3
mardi 4
mercredi 5
jeudi 6
vendredi 7
samedi 8
dimanche 9
lundi 10
mardi 11
mercredi 12
jeudi 13
vendredi 14
samedi 15
dimanche 16

LUNE DESCENDANTE

4 h 34

13 h 52

3 h 10

9 h 11

LUNE MONTANTE

PÉRIGÉE 2 h 23

8 h 23

Plantez les choux cabus semés du 25 au 27 janvier.

Plantez des fraisiers remontants en lignes espacées de 30 cm. Placez les collets au niveau du sol. Installez des petits fruits, groseillier, cassissier, framboisier devant une armature pour les palisser et myrtillier en sol acide. Apportez du compost, enterrez la base des tiges des arbustes et arrosez. Repiquez en godets les aubergines, piments, poivrons, tomates semés les 16-17 février et physalis les 24-25 février.

7 h 41

Le 7, ne jardinez pas après 8 h 45.
Au chaud, mettez en godets les ocas du Pérou. Plantez les pommes de terre de conservation 'Agria', 'Charlotte', 'Cheyenne', 'Ditta', 'Nicola', 'Ratte'. Vous les butterez quand le feuillage aura 25 cm de hauteur. Installez les poireaux semés les 22 et 23 janvier. Espacez les rangs de 30 cm et les plants de 10 cm. Éclaircissez les betteraves et carottes, repiquez pour la première fois en pépinière les céleris-raves, tous semés les 17 et 18 mars.

21 h 42

Plantez ou œilletonnez les artichauts. Enrichissez le sol de compost bien décomposé. Repiquez en pépinière les choux-fleurs et les brocolis semés du 19 au 21 mars. Plantez tous les 70 cm ceux semés les 20-21 février. Enterrez la base des plants.

12 h 45

Repiquez sous abri les chicorées semées du 21 au 23 mars quand les plants ont cinq vraies feuilles. Espacez les plants de 10 cm en tous sens et protégez-les des limaces. Aérez souvent. Repiquez en pépinière les choux cabus et de Bruxelles, éclaircissez les épinards, tous semés en même temps.

11 h 54

À 18-20 °C, semez 3 graines de courgette, courge ou pâtisson par godet de tourbe et à 20-25 °C des concombres. Tassez légèrement et arrosez. À la levée, vous conserverez le plus beau plant. Ressemez des pois à grains ridés. Espacez les rangs de 30 cm pour les nains, de 40 cm pour les grimpants.

18 h 51

Semez des carottes 'Touchon', 'de Carentan', 'de Meaux', 'Jaune du Doubs', des navets 'de Nancy', 'de Croissy', 'Norfolk à collet rouge' et des oignons 'Espagnol', 'Paille des vertus', 'de Brunswick', 'Red Baron'. Couvrez les graines, tassez et arrosez.

16 h 21

Le 16, ne jardinez pas avant 7 h 30.
En pépinière, en lignes distantes de 10 cm, semez des brocolis. Fermez les rangs, tassez et arrosez.

Les nœuds lunaires ascendants ou descendants et les périodes de lunes montantes ou descendantes correspondent à des notions différentes. Ainsi, peut-on avoir un nœud descendant en période de lune montante et inversement.

PERMACULTURE

S'il vente le jour des Rameaux (le 2 avril), toute l'année risque de l'être. Plantez ou semez les plantes sensibles à l'abri des vents dominants.

Avril 2023

dimanche 16 — PÉRIGÉE 2 H 23

lundi 17

LUNE MONTANTE

Le 16, ne jardinez pas avant 7 h 30.
Semez aussi en pépinière, des choux-fleurs 'Géant d'automne primus' et 'Snow Crown'. Écartez les graines dans des sillons distants de 10 cm. Couvrez-les de terre fine, tassez avec le dos du râteau et arrosez.

21 h 46

mardi 18

mercredi 19

Semez en pépinière (température du sol supérieure à 11 °C), du céleri à côtes 'Tall Utah' ou 'Géant doré amélioré' ; des laitues, pommées, batavias, à couper, qui résistent à la chaleur ; en place, des poirées 'Blonde à carde blanche' ou 'Verte à carde blanche' ; sous tunnel, du fenouil doux, maintenez le sol frais.

LUNE ROUSSE 4 h 12

ÉCLIPSE DE SOLEIL 4 H 16

☊ 11 h 30

2 h 37

jeudi 20

vendredi 21

Le 20, ne jardinez pas avant 16 h 40.
En régions douces, semez trois graines de melon, de concombre ou de cornichon en poquets peu profonds enrichis de compost mûr. Ailleurs, opérez en pots à une température de 20-22 °C.

1 h 52

samedi 22

dimanche 23

lundi 24

Semez des navets 'de Croissy', 'des Vertus marteau', 'Jaune boule d'or'. En place, tous les 20 cm, semez les salsifis et scorsonères. Couvrez peu les graines, tassez et arrosez. À éclaircir quand les plants auront deux feuilles. En place, semez les panais 'Demi-long de Guernesey', en rangs espacés de 30 à 40 cm. Couvrez les graines de 1 cm, tassez et arrosez. En pépinière, semez des poireaux.

19 h 58

5 h 52

mardi 25

mercredi 26

Après une pluie, griffez le sol autour des touffes des artichauts. Étalez une couche de compost bien décomposé. Elle fertilisera le sol et le maintiendra plus frais pendant l'été. Plantez les choux-fleurs et les brocolis semés du 19 au 21 mars.

1 h 04

jeudi 27 — 21 h 19

vendredi 28 — APOGÉE 6 H 43

Le 28, ne jardinez pas avant 11 h 50.
Plantez les chicorées semées du 21 au 23 mars, tous les 30 à 40 cm en tous sens. Arrosez copieusement et protégez des limaces. Vous les récolterez en juin-juillet après blanchiment.

16 h 17

samedi 29

dimanche 30

LUNE DESCENDANTE

Installez les aubergines, piments, poivrons semés les 16-17 février, repiquez ces légumes semés du 15 au 17 mars, les physalis semés du 23 au 25 mars. Plantez les physalis semés les 24-25 février, les courgettes, courges, pâtissons et concombres, du 11 au 13 avril, les melons, du 23 au 25 mars. Couvrez si besoin avec des cloches ou un tunnel.

Les nœuds lunaires ascendants ou descendants et les périodes de lunes montantes ou descendantes correspondent à des notions différentes. Ainsi, peut-on avoir un nœud descendant en période de lune montante et inversement.

Mes notes

L'info du mois

Une éclipse de Soleil (le 20, maximum à 4 h 16) se produit quand la nouvelle lune est proche d'un nœud, ici ascendant. Les plantes y sont sensibles, ne jardinez pas au moins 5 h avant et 5 h après.

Mai 2023

Jour	Lune	
lundi 1	LUNE DESCENDANTE	
mardi 2		
mercredi 3		
jeudi 4	☋ 21 h 56	
vendredi 5	ÉCLIPSE DE LUNE 17 H 24	17 h 33
samedi 6		
dimanche 7		
lundi 8		
mardi 9	8 h 57	LUNE MONTANTE
mercredi 10		
jeudi 11	PÉRIGÉE 5 H 05	
vendredi 12	14 h 28	
samedi 13		
dimanche 14		
lundi 15		
mardi 16		

Plantez les tomates semées le 16 février.

15 h 55

Le 4, ne jardinez pas après 16 h 50.
Plantez les poireaux semés du 26 au 28 février. Laissez-les sécher un jour ou deux. Habillez les feuilles et racines, placez-les tous les 10 cm, à 10 cm de profondeur. Installez les ocas du Pérou mis en godet du 4 au 7 avril. Éclaircissez tous les 20 cm les panais semés du 26 au 28 mars. Repiquez pour la 2e fois les céleris-raves semés les 17-18 mars.

5 h 33

Le 5, ne jardinez pas après 12 h 15.
Repiquez en pépinière les choux-fleurs et les brocolis semés du 15 au 17 avril. Arrachez de beaux plants avec une motte humide. Plantez-les en lignes, tous les 10 cm en tous sens. Enterrez la base des tiges, tassez et arrosez.

19 h 52

En pot ou au jardin, plantez les aromatiques. Installez en enterrant leur base, les choux cabus et de Bruxelles semés du 21 au 23 mars. Repiquez en pépinière les céleris à côtes semés les 18 et 19 avril.

18 h 01

Semez tous les haricots. Pour les nains, espacez les rangs de 40 à 50 cm, déposez un grain tous les 4-5 cm. Pour les grimpants, piquez les rames et déposez 6 à 8 grains au pied de chacune. Semez en poquets enrichis de compost bien décomposé ouverts tous les 1 m, des courges, courgettes ou pâtissons.

0 h 16

Le 11, ne jardinez pas avant 10 h 10.
Ouvrez des sillons larges et semez des betteraves. Posez un glomérule tous les 5 cm, couvrez de 1 cm de terre, tassez et arrosez. Semez des endives 'Crenoline', 'Zoom' en lignes espacées de 30 cm et des poireaux en pépinière.

21 h 58

En pépinière, semez des choux-fleurs 'Odysseus', 'Sérac', 'Snow Crown' et des brocolis 'Green Magic', 'Verdia'. Dispersez bien les graines dans de petits sillons. Couvrez-les de 2 cm de terre fine, tassez avec le dos du râteau et arrosez en douceur. Récoltez les artichauts quand les écailles du pourtour des têtes commencent à s'écarter.

4 h 28

En poquets distants de 1 m en tous sens, semez des cardons. Enrichissez les trous de compost mûr. Semez en pépinière du céleri à côtes 'Tall Utah', des choux de Bruxelles et des choux de Milan 'Roi de l'hiver 2', 'de Pontoise 2', 'Gros des vertus 4'.

Les nœuds lunaires ascendants ou descendants et les périodes de lunes montantes ou descendantes correspondent à des notions différentes. Ainsi, peut-on avoir un nœud descendant en période de lune montante et inversement.

Mes notes

L'info du mois

Les saints de glace (Mamert, Pancrace, Servais) ont lieu à dates fixes, les 11, 12 et 13 mai. Les températures nocturnes sont souvent fraîches. Protégez si besoin les plantes les plus fragiles avec des protections gardées à proximité.

Mai 2023

mardi 16 · mercredi 17 · jeudi 18 · vendredi 19 · samedi 20 · dimanche 21 · lundi 22 · mardi 23 · mercredi 24 · jeudi 25 · vendredi 26 · samedi 27 · dimanche 28 · lundi 29 · mardi 30 · mercredi 31

LUNE MONTANTE — ☊ 19 h 35 (17) — ● 15 h 53 (19) — 14 h 06 (22)

LUNE DESCENDANTE — APOGÉE 1 H 38 (26) — ◐ 15 h 22 (27)

Semez en place diverses salades : chicorées frisées et scaroles, laitues pommées et batavias qui résistent à la montée à graines, à couper, et aussi des poirées, de la roquette, du pourpier, du mesclun.

10 h 32

Le 17, ne jardinez pas après 14 h 30.

En poquets peu profonds et enrichis de compost bien décomposé, renouvelez les semis de courges, courgettes, pâtissons, concombres, cornichons et melons. Placez trois graines dans chaque poquet, couvrez-les de 1 cm, tassez avec le dos du râteau et arrosez en pluie fine.

10 h 26

Semez des carottes 'Chantenay à cœur rouge 2', 'de Colmar 2', 'Flyaway', 'Purple Haze' pour la consommation hivernale et des radis d'été et d'automne 'de Cinq semaines rose', 'April Cross', 'Ovale blanc de Munich'. Les racines de ces radis ne creusent pas avec la chaleur, vous éclaircirez les jeunes plants un peu après la germination, tous les 5 cm.

4 h 27

Installez les choux-fleurs et les brocolis semés du 15 au 17 avril. Distancez les pieds de 70 cm en tous sens. Enterrez les plants jusqu'aux premières feuilles pour renforcer leur enracinement. Bornez et arrosez copieusement dans des cuvettes de terre. Surveillez les attaques de piérides.

9 h 12

Éclaircissez les poirées en conservant un beau pied tous les 40 cm. Vous pouvez planter les plants arrachés ailleurs. Plantez les céleris à côtes, tous les 30 à 40 cm, et le fenouil doux, tous les 20 cm, en rangs espacés de 50 cm. Ils ont été semés les 18 et 19 avril.

0 h 20

Le 26, ne jardinez pas avant 6 h 45.

Taillez les tomates, courges, concombres, melons déjà en place. Plantez les aubergines, piments, poivrons, tomates, semés du 15 au 17 mars, physalis semés du 23 au 25 mars, concombres, cornichons, melons, semés en godets les 20 et 21 avril. Ouvrez des trous et enrichissez-les de compost mûr. Hydratez les mottes, dépotez et mettez-les en place. Bouchez et arrosez.

0 h 31

Arrachez les pommes de terre selon vos besoins. Plantez les poireaux semés du 26 au 28 mars. Arrachez-les et laissez-les sécher un jour à même le sol pour éliminer les larves de la teigne. Réduisez un peu les feuilles et les racines à 1 cm de leur base. Installez les céleris-raves semés les 17-18 mars tous les 40 cm en tous sens. Éclaircissez les semis réalisés les 11 et 12 mai : les betteraves tous les 10 à 12 cm, les endives tous les 8 à 10 cm. Éclaircissez les panais semés du 22 au 24 avril.

Les nœuds lunaires ascendants ou descendants et les périodes de lunes montantes ou descendantes correspondent à des notions différentes. Ainsi, peut-on avoir un nœud descendant en période de lune montante et inversement.

PERMACULTURE

Le 23, plantez des soucis près des choux (fleur, pommé, de Bruxelles), leur odeur repousse les noctuelles et les piérides, deux principaux parasites.

Juin 2023

jeudi 1 — vendredi 2 — samedi 3 — dimanche 4 — lundi 5 — mardi 6 — mercredi 7 — jeudi 8 — vendredi 9 — samedi 10 — dimanche 11 — lundi 12 — mardi 13 — mercredi 14 — jeudi 15 — vendredi 16

LUNE DESCENDANTE — ☋ 6 h 22 — ● 3 h 41 — 16 h 21

LUNE MONTANTE — PÉRIGÉE 23 H 06 — ◐ 19 h 31 — ☊ 0 h 04

Le 1er, ne jardinez pas avant 11 h 30.

14 h 49

Repiquez en pépinière tous les 10 cm en tous sens les choux-fleurs et les brocolis semés les 13 et 14 mai. Enterrez les plants jusqu'aux premières feuilles. Tassez fortement le sol près des tiges et arrosez.

4 h 52

Éclaircissez les salades et les cardons, repiquez en pépinière les céleris à côtes, choux de Bruxelles et de Milan, tous semés du 15 au 17 mai. Selon vos besoins, blanchissez des chicorées frisées ou scaroles.

2 h 07

Le 6, ne jardinez pas après 18 h.
Semez les haricots nains ou grimpants 'Phénomène', 'Soissons gros blanc', 'Argus', 'Morgane', 'Fruidor', 'Contender' et en fin de rangs des capucines pour attirer les pucerons. En poquets, tous les 50 cm, semez quatre à cinq graines de maïs doux. Récoltez les fraises et framboises.

6 h 57

Semez des radis d'hiver 'Rose de Chine', 'Violet de Gournay', 'Noir gros rond d'hiver', 'Noir long poids d'horloge' et des rutabagas 'Champion', 'Oestgoeta', en lignes espacées de 30 à 40 cm. À éclaircir après leur levée, les radis à 10-15 cm, les rutabagas à 30 cm.

3 h 44

En pépinière, semez des choux-fleurs 'Odysseus', 'Sérac', 'Snow Crown' et des brocolis 'Green Magic', 'Verdia'. Écartez bien les graines dans des sillons peu profonds et espacés d'environ 10 cm. Couvrez-les de 2 cm de terre fine, tassez avec le dos du râteau et arrosez doucement. Maintenez le sol frais jusqu'à la levée.

9 h 58

En milieu de journée, par beau temps, avant leur floraison, coupez les aromatiques, (estragon, marjolaine, origan, romarin, sarriette, sauge, thym) et les plantes à purin. Faites-les sécher dans un endroit aéré, chaud, sec et à l'abri de la lumière. Semez en rangs espacés de 30 cm, les chicorées sauvages et italiennes, des laitues qui supportent la chaleur.

16 h 27

Le 14, ne jardinez pas avant 5 h 10.
En poquets enrichis de compost bien décomposé, semez dans chacun trois graines de concombre, cornichon ou courgette. Couvrez-les de 1 cm, tassez avec le dos du râteau et arrosez en pluie fine.

17 h 18

Ouvrez un sillon large et peu profond et posez sans les serrer des glomérules de betteraves 'd'Égypte', 'Détroit 3' ou 'Chioggia'. Couvrez, tassez et arrosez en pluie fine.

Les nœuds lunaires ascendants ou descendants et les périodes de lunes montantes ou descendantes correspondent à des notions différentes. Ainsi, peut-on avoir un nœud descendant en période de lune montante et inversement.

PERMACULTURE

Les 7 et 8, semez les radis d'hiver près de carottes déjà en place, ils seront moins piquants. Au contraire, éloignez-les du cerfeuil qui renforce leur goût.

Juin 2023

Jour	Lune
vendredi 16	LUNE MONTANTE
samedi 17	
dimanche 18	4 h 37 ; 21 h 05
lundi 19	LUNE DESCENDANTE
mardi 20	
mercredi 21	SOLSTICE D'ÉTÉ 14 H 57
jeudi 22	APOGÉE 18 H 30
vendredi 23	
samedi 24	
dimanche 25	
lundi 26	7 h 49
mardi 27	
mercredi 28	☊ 12 h 23
jeudi 29	
vendredi 30	

En rangs espacés de 30 cm, semez des endives. Couvrez les graines de 1 cm de terre fine, tassez et arrosez. Semez en rangs larges des carottes 'de Chantenay à cœur rouge 2', 'de Colmar 2', 'Maestro', 'Flyaway'. Couvrez, tassez et arrosez.

11 h 57

Plantez les brocolis semés les 13 et 14 mai, tous les 60 cm en tous sens. Arrachez les plants avec une motte et enterrez-les jusqu'aux premières feuilles pour renforcer l'enracinement. Tassez fortement et arrosez copieusement. Maintenez le sol frais.

16 h 45

En rangs, tous les 30 à 40 cm, installez les céleris à côtes semés les 15-16 mai. Arrosez copieusement. Éclaircissez les poirées semées les 16 et 17 mai, conservez de beaux plants tous les 30 cm.

7 h 53

Le 22, ne jardinez pas après 13 h 25.
Taillez les gourmands qui apparaissent à l'aisselle des tomates, les tiges stériles ou trop longues des courges et des potirons ; les pousses des concombres, des aubergines et des piments pour accélérer la formation des fruits. Opérez par temps sec, avec des outils affûtés et désinfectés.

8 h 35

Le 28, ne jardinez pas entre 7 h 15 et 17 h 30.
Plantez les poireaux semés du 22 au 24 avril. Éclaircissez les radis d'hiver semés les 7 et 8 juin. Selon vos besoins, récoltez des pommes de terre et des oignons blancs. Si leur feuillage est jaune, déterrez l'ail, les oignons de couleur et les échalotes. Laissez-les se ressuyer sur le sol une journée. Pour que l'ail reste blanc, protégez les caïeux d'un rang avec les fanes d'un autre. Rentrez-les dans un local aéré dans des cageots ou tressez des bottes.

0 h 22

Plantez les choux-fleurs semés les 13 et 14 mai à 70 cm en tous sens. Enterrez leurs bases, tassez autour des tiges et arrosez. Repiquez en pépinière tous les 10 cm, les choux-fleurs et brocolis semés les 9-10 juin.

14 h 50

Éclaircissez les salades semées du 11 au 13 juin.

Les nœuds lunaires ascendants ou descendants et les périodes de lunes montantes ou descendantes correspondent à des notions différentes. Ainsi, peut-on avoir un nœud descendant en période de lune montante et inversement.

Mes notes

L'info du mois

En 2023, le solstice d'été a lieu le 21 juin à 14 h 57 dans l'hémisphère Nord. C'est le jour le plus long de l'année et le début officiel de l'été. Profitez-en pour jardiner longuement et transformer les récoltes en prévision de l'hiver à venir.

Juillet 2023

samedi **1** — dimanche **2** — LUNE DESCENDANTE

Plantez les choux de Bruxelles et de Milan semés les 15 et 16 mai. Espacez les pieds de 50 à 60 cm en tous sens en enterrant les tiges jusqu'aux premières feuilles pour renforcer leur enracinement.

12 h 00

1 h 27 — LUNE MONTANTE

lundi **3** — 11 h 38 — mardi **4**

En poquets enrichis de compost bien décomposé, semez des courgettes 'Verte de Milan' ou 'Diamant', à 1 cm de profondeur. Tassez à la main et arrosez copieusement. À la levée, vous conserverez le plus beau plant de chaque groupe.

15 h 51

PÉRIGÉE 22 H 25

mercredi **5** — jeudi **6**

Le 4, ne jardinez pas après 17 h 20.
Semez des navets 'Jaune boule d'or', 'Norfolk à collet rouge', 'de Nancy', 'Blanc dur d'hiver' et des carottes pour l'hiver. Distancez les rangs de 20 cm, tassez avec le dos du râteau et arrosez.

11 h 21

vendredi **7** — samedi **8**

En pépinière, en sillons écartés de 10 cm, semez les choux-fleurs 'Merveille de toutes saisons', 'Snow Crown', 'Tardif d'Angers', les brocolis 'Chevalier', 'Verdia', 'Romanesco'. Couvrez les graines, tassez avec un râteau et arrosez en pluie fine. Récoltez les artichauts, les brocolis et les choux-fleurs.

16 h 11

dimanche **9** — lundi **10** — 1 h 47

Semez la mâche 'à Grosse graine', en lignes distantes de 20 à 30 cm. À récolter avant les grands froids. Semez du pourpier 'Doré à larges feuilles', en lignes espacées de 20 cm ; pour l'automne, du chou de Chine, des chicorées frisées 'de Ruffec', 'Wallonne' et scaroles 'Géante maraîchère', en rangs distants de 30 cm.

22 h 01

☊ 1 h 22

mardi **11** — mercredi **12**

Le 11, ne jardinez pas avant 6 h 30.
À bonne exposition, semez des haricots nains, filets ou mangetout. Espacez les rangs de 40 à 50 cm et les grains de 4 à 5 cm. Bouchez, tassez avec le dos du râteau et arrosez en pluie fine. Récoltez les petits fruits et légumes-fruits de saison, transformez le surplus.

22 h 58

jeudi **13** — vendredi **14** — samedi **15**

Semez des radis d'automne, des navets et carottes. Maintenez le sol frais jusqu'à la levée. Semez des radis d'hiver 'Rose de Chine', 'Noir gros long d'hiver', 'Noir long poids d'horloge', 'Violet de Gournay'. Espacez les rangs de 20 à 30 cm. Fermez les sillons, tassez et arrosez. Après la levée, vous conserverez un pied tous les 10 à 15 cm. Semez aussi des rutabagas 'Champion' ou 'Wilhelmsburger'.

18 h 13

2 h 37 — LUNE DESCENDANTE

dimanche **16**

Installez les brocolis semés les 9 et 10 juin. Arrachez les plants avec une motte humide. Plantez-les tous les 60 cm en tous sens. Enterrez les pieds jusqu'aux

Les nœuds lunaires ascendants ou descendants et les périodes de lunes montantes ou descendantes correspondent à des notions différentes. Ainsi, peut-on avoir un nœud descendant en période de lune montante et inversement.

PERMACULTURE

Semez les graines d'angélique dès leur récolte, en juillet-août (en lune montante et jours-feuilles) leur pouvoir germinatif est court, moins de 1 an.

Mes notes

Juillet 2023

dimanche 16 · 2 h 37

lundi 17 · 18 h 31

premières feuilles pour renforcer leur enracinement. Tassez fortement de chaque côté et arrosez copieusement dans une cuvette de terre. Maintenez le sol frais et protégez des limaces.

23 h 21

mardi 18 · mercredi 19

Selon vos besoins, blanchissez les chicorées frisées et scaroles. Couvrez-les d'une cloche opaque et récoltez-les 10 à 12 jours plus tard. Elles seront plus tendres, avec des cœurs jaunâtres.

14 h 35

jeudi 20 · APOGÉE 6 H 56 · vendredi 21 · samedi 22

Le 20, ne jardinez pas avant 12 h 05.
Coupez les gourmands des tomates qui se forment à l'aisselle des feuilles, les pousses trop longues ou stériles des courges et des potirons. Préparez sans retourner la terre un emplacement pour des fraisiers à planter du 16 au 18 août. Enrichissez-la en compost bien décomposé à incorporer en surface.

15 h 36

LUNE DESCENDANTE

dimanche 23 · lundi 24 · mardi 25 · ☊ 15 h 05 · 22 h 06

Le 25, ne jardinez pas après 10 h.
Pour les semis d'oignons du 9 au 11 août, préparez une parcelle non fumée récemment et n'ayant pas eu de Fabacées cette année. Plantez les poireaux semés les 11-12 mai. Arrachez ail, échalotes et oignons de couleur, laissez-les ressuyer un jour au soleil et rentrez-les dans un local sec et aéré. Déterrez les pommes de terre de conservation. Vous les stockerez hors gel et à l'abri de la lumière. Éclaircissez les navets et carottes, semés du 4 au 6 juillet, les betteraves semées les 15 et 16 juin.

8 h 55

mercredi 26 · jeudi 27

Plantez tous les 70 cm en tous sens les choux-fleurs semés les 9-10 juin. Repiquez en pépinière, tous les 10 cm, les choux-fleurs et les brocolis semés du 6 au 8 juillet. Dans les deux cas, enterrez la base des plants, tassez et arrosez copieusement.

0 h 20

vendredi 28 · samedi 29

Éclaircissez les chicorées, les choux de Chine et la mâche, tous semés les 9 et 10 juillet. Conservez les plus beaux plants, tassez la terre autour de leur base et arrosez en pluie fine.

22 h 20

dimanche 30 · 11 h 14 · lundi 31

LUNE MONTANTE

Dans le Midi, semez des haricots verts nains. Récoltez les aubergines, concombres, cornichons, courgettes, haricots, melons, pâtissons, piments, poivrons, tomates ; fraises, framboises, mûres, myrtilles et poires d'été. Consommez-les en frais ou transformez le surplus.

Les nœuds lunaires ascendants ou descendants et les périodes de lunes montantes ou descendantes correspondent à des notions différentes. Ainsi, peut-on avoir un nœud descendant en période de lune montante et inversement.

Mes notes

L'info du mois

Pendant la lune descendante, effectuez les gestes suivants : travail et enrichissement du sol, éclaircissage, repiquage, plantation, taille, bouturage, marcottage et récolte des légumes-racines.

Août 2023

Jour	Lune	Signe	Conseils
mardi 1	18 h 31	2 h 20	
mercredi 2	PÉRIGÉE 5 H 52		**Le 2, ne jardinez pas avant 11 h.** En place, semez des radis d'hiver 'Noir gros long d'hiver', 'Noir long poids d'horloge', 'Rose de Chine', 'Violet de Gournay'. Espacez les rangs de 20 à 30 cm. Écartez les graines, couvrez-les, tassez et arrosez.
jeudi 3		21 h 09	Selon vos besoins, récoltez les artichauts, les brocolis et les choux-fleurs.
vendredi 4			
samedi 5	LUNE MONTANTE	23 h 48	Semez en rangs distants de 20 à 30 cm, de la mâche qui résiste au froid, du chou de Chine, des épinards 'Géant d'hiver', 'Monstrueux de Viroflay', des laitues à couper, à récolter avant les gelées ; en pépinière, des laitues 'Brune d'hiver', 'Merveille d'hiver', 'Verpia' pour le printemps.
dimanche 6			
lundi 7	☊ 2 h 45	4 h 44	**Le 7, ne jardinez pas avant 7 h 50.** Cueillez les haricots à écosser frais ou secs. Récoltez les graines des tomates. Faites-les moisir dans un verre avec un peu d'eau, lavez-les et séchez-les. Stockez-les au sec dans des sachets en papier.
mardi 8	10 h 28		
mercredi 9		4 h 49	En lignes, semez des navets 'Jaune boule d'or', 'Blanc dur d'hiver', 'de Nancy', 'des Vertus marteau', 'Norfolk à collet rouge', des scorsonères à récolter dans un an. Couvrez les graines, tassez, arrosez. Maintenez le sol frais jusqu'à la levée. En régions douces, semez en pépinière, les oignons de couleur 'Rouge pâle de Niort', 'Espagnol', 'Rouge de Florence' et partout, les blancs 'de Barletta', 'de Vaugirard', 'de Paris'.
jeudi 10			
vendredi 11			
samedi 12	7 h 34	23 h 53	Installez les choux-fleurs et les brocolis semés du 6 au 8 juillet. Enterrez les plants prélevés avec une motte humide jusqu'aux premières feuilles pour renforcer leur enracinement. Distancez-les de 60 à 70 cm en tous sens, bornez et arrosez copieusement. Protégez des limaces.
dimanche 13	LUNE DESCENDANTE		
lundi 14		5 h 15	Blanchissez des chicorées frisées ou scaroles à mesure de vos besoins. Couvrez-les d'une cloche opaque ou liez les feuilles sans serrer. Vous les récolterez 10 à 15 jours plus tard, elles seront plus tendres.
mardi 15			
mercredi 16	9 h 38 APOGÉE 11 H 54	20 h 38	**Le 16, ne jardinez pas avant 17 h.** Taillez les légumes-fruits.

Les nœuds lunaires ascendants ou descendants et les périodes de lunes montantes ou descendantes correspondent à des notions différentes. Ainsi, peut-on avoir un nœud descendant en période de lune montante et inversement.

PERMACULTURE

Après la récolte des pommes de terre, semez de la phacélie s'il reste de la place non occupée par des légumes. Elle couvrira le sol jusqu'aux gelées.

Août 2023

mercredi 16 — 9 h 38 — APOGÉE 11 H 54

jeudi 17

vendredi 18

samedi 19

dimanche 20

lundi 21 — ☊ 16 h 22

mardi 22

mercredi 23

jeudi 24 — 9 h 57

vendredi 25

samedi 26 — 20 h 18

dimanche 27

lundi 28

mardi 29

mercredi 30 — PÉRIGÉE 15 H 54

jeudi 31 — 1 h 35

LUNE DESCENDANTE

LUNE MONTANTE

Le 16, ne jardinez pas avant 17 h.
Plantez les fraisiers remontants ou non, sur des rangs surélevés en sol peu drainé. Espacez les lignes de 40 cm et les pieds de 30 cm. Pralinez les racines nues ou hydratez les mottes avant de les dépoter. Placez les collets ou le haut des mottes juste au niveau de la surface et arrosez copieusement dans une cuvette de terre.

21 h 43

Le 21, ne jardinez pas après 11 h 15.
Déterrez les pommes de terre et les oignons de couleur. Laissez-les se ressuyer à même le sol 1 ou 2 jours. Conservez-les ensuite au sec, à l'abri de la lumière pour les pommes de terre. Selon vos besoins, arrachez des betteraves, des céleris-raves, des carottes, des navets et des radis d'automne. Consommez-les rapidement pour qu'ils conservent leurs vitamines. Éclaircissez les radis d'hiver semés les 1er et 2 août.

15 h 48

En sol bien drainé, à un endroit chaud et ensoleillé, installez le safran. Espacez les rangs de 20 cm, les bulbes de 10 cm et enterrez-les de 10 à 15 cm. Dans le Midi, préparez les emplacements pour les artichauts à planter en septembre.

8 h 09

Éclaircissez tous les semis des 5 et 6 août : mâche, épinard, chou de Chine et laitue. Blanchissez des cardons, céleris à côtes et chicorées. Récoltez les premiers dans 3 à 4 semaines, les seconds dans 2 à 3 semaines, les salades 10 à 15 jours plus tard.

7 h 32

Récoltez les fraises et framboises remontantes, les légumes-fruits de saison. Dégustez-les en frais ou transformez-les. Arrachez les haricots à écosser (grains en sec). Écossez-les et mettez les grains quelques jours au congélateur. Le froid les protégera des bruches, un parasite qui les rend inconsommables.

12 h 50

En régions douces, semez en pépinière les oignons de couleur rouges ou jaunes, 'Rouge pâle de Niort', 'Rouge de Florence', 'Espagnol' et partout, les petits oignons blancs 'de Barletta', 'de Vaugirard', 'de Paris', 'Printanier parisien'. À éclaircir tous les 5 cm après la levée.

8 h 01

Le 30, ne jardinez pas après 10 h 45.
Selon vos besoins, récoltez les artichauts, les brocolis et les choux-fleurs.

Les nœuds lunaires ascendants ou descendants et les périodes de lunes montantes ou descendantes correspondent à des notions différentes. Ainsi, peut-on avoir un nœud descendant en période de lune montante et inversement.

Mes notes

L'info du mois

Chaque constellation est davantage favorable à un type de plante. Le Capricorne est en affinité avec les racines (carotte, panais, salsifis), le Scorpion, les feuilles (chou pommé, épinard), la Balance, les fleurs (artichaut, brocoli), le Lion, les graines et fruits (fève, fraisier, tomate).

Septembre 2023

vendredi **1** — samedi **2** — dimanche **3** — lundi **4** — mardi **5** — mercredi **6** — jeudi **7** — vendredi **8** — samedi **9** — dimanche **10** — lundi **11** — mardi **12** — mercredi **13** — jeudi **14** — vendredi **15** — samedi **16**

LUNE MONTANTE — ☊ 7 h 43 — 22 h 21 — 13 h 13 — LUNE DESCENDANTE — APOGÉE 15 H 42 — 1 h 39

9 h 36

Le 3, ne jardinez pas avant 12 h 50.
En pépinière, semez des choux cabus dans des sillons espacés de 10 cm ; en place, de la mâche et des épinards en lignes distantes de 20 à 30 cm ; sur les parcelles libres, à la volée, des engrais verts qui résistent au gel comme un mélange de seigle et de vesce en sol acide ou d'avoine et de vesce en sol calcaire.

13 h 31

Récoltez les légumes-fruits de saison : aubergines, concombres, cornichons, courgettes, haricots, melons, poivrons, tomates. Dégustez-les frais ou transformez le surplus pour l'hiver. Coupez quelques feuilles près des tomates pour accélérer leur maturité.

12 h 09

Semez en place, en lignes espacées de 20 cm, les radis de tous les mois 'de Dix-huit jours', 'Flamboyant 5', 'Gaudry 2', 'National 2'. Éclaircissez après la levée. S'il ne pleut pas, arrosez souvent pour que les radis ne soient pas piquants et ne creusent pas. En rangs espacés de 20 cm, semez les poireaux « baguette ». Dispersez bien les graines. À éclaircir en gardant un plant tous les 5 cm, ils ne se repiquent pas. Vous les récolterez en mai 2024.

22 h 56

Dans le Midi, plantez les artichauts dans des trous enrichis de compost mûr, à 1 m en tous sens. Humidifiez les mottes, placez-les le haut au niveau du sol, bouchez et tassez. Réalisez une cuvette de terre et arrosez dedans.

11 h 12

Installez les laitues d'hiver semées les 5-6 août. Arrachez les plants avec une motte humide. Réduisez les grandes feuilles. Mettez-les en place tous les 30 cm en tous sens en laissant flotter les collets. Tassez, arrosez et protégez des limaces.

2 h 39

Le 12, ne jardinez pas après 10 h 35.
Plantez les fraisiers tous les 30 cm en espaçant les rangs de 40 cm. Pralinez ceux à racines nues et étalez-les sur des buttes ou hydratez ceux en godets et dépotez-les. Bouchez sans enterrer les collets. Installez les petits fruits en conteneurs. Coupez au ras du sol les cannes des framboisiers non remontants. Placez une brique sous les potirons et courges pour les protéger de l'humidité et accélérer leur maturité.

3 h 41

Éclaircissez les scorsonères semées du 9 au 11 août. Conservez de beaux plants tous les 10 cm. Récoltez betteraves, carottes, céleris-raves, panais, poireaux et radis pour votre consommation immédiate, transformez-les en les congelant ou en les stérilisant.

Les nœuds lunaires ascendants ou descendants et les périodes de lunes montantes ou descendantes correspondent à des notions différentes. Ainsi, peut-on avoir un nœud descendant en période de lune montante et inversement.

PERMACULTURE

Jusqu'en mars, griffez le sol sous les noisetiers pour faire remonter les larves du balanin. Les oiseaux les dévoreront ou lâchez les poules.

Septembre 2023

Jour	Lune	
samedi 16	LUNE DESCENDANTE	
dimanche 17		☋ 19 h 17
lundi 18		
mardi 19		
mercredi 20		
jeudi 21		
vendredi 22		◐ 19 h 31
samedi 23	3 h 35 LUNE MONTANTE	ÉQUINOXE D'AUTOMNE 6 H 49
dimanche 24		
lundi 25		
mardi 26		
mercredi 27		
jeudi 28		PÉRIGÉE 0 H 58
vendredi 29		● 9 h 57
samedi 30		☊ 16 h 48

Le 17, ne jardinez pas après 14 h 10.
Plantez les oignons blancs ou de couleur semés du 9 au 11 août. Arrachez les plus beaux oignons. Habillez les plants : coupez l'extrémité des feuilles et les racines à 1 cm des bulbes. Choisissez un endroit bien exposé du potager. Tracez des lignes espacées de 15 cm et placez un oignon tous les 8 cm, à 3 cm de profondeur. Bornez avec le plantoir, ce n'est pas la peine d'arroser.

21 h 31

Dans le Midi, installez les artichauts à 1 m en tous sens dans des trous enrichis de compost bien décomposé. Humidifiez les mottes et placez le haut au niveau du sol. Bouchez, tassez fortement autour de la souche et arrosez dans une cuvette de terre.

14 h 12

Repiquez en pépinière les choux cabus semés du 1er au 3 septembre. Écartez les plants de 10 cm en tous sens. Blanchissez des chicorées frisées et scaroles 10 à 15 jours, des cardons 3 à 4 semaines et des céleris à côtes 2 à 3 semaines. Ils seront plus tendres.

14 h 37

Récoltez les aubergines, concombres, cornichons, courges, courgettes, haricots, physalis, piments, poivrons et tomates. Transformez le surplus.

21 h 42

Sous abri, en terre bien affinée, semez des carottes demi-longues 'Touchon', 'Nanco', 'Boléro'. À récolter en primeur, en avril-mai 2024. Tamisez le compost ancien, utilisez-le au potager ou dans les massifs. Alimentez le nouveau tas avec les déchets de saison.

18 h 13

Le 28, ne jardinez pas avant 6 h 10.
Récoltez les artichauts lorsque les écailles du tour des têtes s'entrouvrent, les brocolis et les choux-fleurs. Prélevez-les avec un morceau de tige.

20 h 26

Le 30, ne jardinez pas après 11 h 40.
Semez les épinards d'hiver et la mâche ; en pépinière, les laitues d'hiver. Protégez si besoin avec un tunnel. Semez un engrais vert (sainfoin, avoine, féverole) à la volée sur les planches libres. Ratissez pour enterrer légèrement les graines.

23 h 55

Les nœuds lunaires ascendants ou descendants et les périodes de lunes montantes ou descendantes correspondent à des notions différentes. Ainsi, peut-on avoir un nœud descendant en période de lune montante et inversement.

Mes notes

L'info du mois

Les plantes sont sensibles au périgée, à l'apogée et aux nœuds lunaires (ascendants et descendants). Ne jardinez pas cinq heures avant ni cinq heures après. Reposez-vous ou faites le bilan de la saison passée, vos réussites, vos échecs ! Entretenez et remisez le matériel.

Octobre 2023

dimanche 1 · lundi 2 · mardi 3 · mercredi 4 · jeudi 5 · vendredi 6 · samedi 7 · dimanche 8 · lundi 9 · mardi 10 · mercredi 11 · jeudi 12 · vendredi 13 · samedi 14 · dimanche 15 · lundi 16

LUNE MONTANTE

20 h 29

13 h 47

APOGÉE 3 H 41

LUNE DESCENDANTE

17 h 55

ÉCLIPSE DE SOLEIL 17 H 59

1 h 11

En régions douces, semez les fèves 'de Séville à longue cosse', 'd'Aguadulce à très longue cosse' et les pois à grains ronds 'Caractacus', 'Petit provençal', 'Douce Provence'. En régions froides, récoltez les légumes-fruits avant les premières gelées.

21 h 23

Sous châssis ou sous tunnel, semez quelques radis de tous les mois 'Gaudry 2' ou 'Flamboyant 5'. Vous les éclaircirez après la levée et les récolterez dans 3 à 4 semaines. Stratifiez les graines de cerfeuil tubéreux. Semez-les dans un pot contenant du sable. Couvrez d'un grillage, enterrez le pot au pied d'un mur au nord. À semer en mars 2024. Cette méthode facilite la germination des graines.

6 h 09

Protégez les touffes des artichauts. Réduisez les grandes feuilles, coupez celles abîmées et liez les autres sans serrer. Buttez sur 25 cm de hauteur, paillez déjà en climat froid. Ailleurs, attendez quelques semaines.

18 h 00

Coupez et jetez (mais pas au compost) les tiges des asperges. Arasez les buttes, apportez du compost décomposé et un engrais riche en phosphore et en potasse.

9 h 19

Le 10, ne jardinez pas avant 8 h 50.

Plantez les derniers fraisiers en terre enrichie de compost bien décomposé. Écartez les lignes de 40 cm et les pieds de 30 cm. Pralinez les racines nues ou hydratez les mottes avant de les dépoter. Placez les collets au niveau du sol, ne les enterrez pas. Arrosez copieusement. Installez les petits fruits tous les 1 m en tous sens. Prévoyez auparavant une armature pour les framboisiers.

10 h 20

Le 14, ne jardinez pas après 12 h 45.
Le 15, ne jardinez pas avant 6 h 20.

Arrachez les endives sans abîmer les racines. Laissez-les sécher quelques jours sur place pour provoquer l'arrêt de la végétation. En toutes régions, plantez l'échalote grise. Récoltez les légumes qui craignent le froid, mettez-les en silo. Protégez les autres. Éclaircissez les carottes semées les 25 et 26 septembre. Plantez les oignons semés les 28 et 29 août. Tamisez le compost ancien et utilisez-le. Alimentez le nouveau tas avec les déchets de saison.

3 h 27

Dans le Midi, installez les nouveaux pieds d'artichauts à 1 m de distance.

Les nœuds lunaires ascendants ou descendants et les périodes de lunes montantes ou descendantes correspondent à des notions différentes. Ainsi, peut-on avoir un nœud descendant en période de lune montante et inversement.

PERMACULTURE

Les larves du criocère et de la mouche des asperges peuvent se trouver dans les tiges fanées. Éliminez-les en les portant à la déchetterie.

Octobre 2023

lundi 16
mardi 17
mercredi 18
jeudi 19
vendredi 20
samedi 21
dimanche 22
lundi 23
mardi 24
mercredi 25
jeudi 26
vendredi 27
samedi 28
dimanche 29
lundi 30
mardi 31

LUNE DESCENDANTE

9 h 14

LUNE MONTANTE

3 h 29

PÉRIGÉE 3 H 01

☊ 3 h 13

ÉCLIPSE DE LUNE 20 H 14

20 h 23

3 h 27

Protégez les touffes des artichauts. Taillez les feuilles abîmées, raccourcissez les autres et liez-les sans serrer. Buttez sur 25 cm de hauteur. Paillez déjà en climat froid, attendez quelques semaines en régions plus clémentes.

19 h 43

Plantez les choux cabus semés du 1er au 3 septembre. Enterrez la base des tiges. Reprenez les endives arrachées. Coupez les feuilles à 3 cm, les racines à 20 cm. Plantez-les dans une caisse en cave. Comblez les vides, arrosez. Selon les variétés, couvrez de terre ou de paille et d'un plastique noir.

20 h 09

En régions douces, semez les pois à grains ronds, nains 'Douce Provence', 'Petit provençal', grimpants 'Express à longue cosse', 'Roi des conserves', 'Serpette Guilloteaux', mangetout 'Corne de bélier', 'Carouby de Maussane'. Vous les binerez après la levée, puis butterez et poserez les rames quand les pieds auront 20 cm de hauteur.

4 h 14

Semez le chervis en rangs espacés de 30 à 40 cm. Couvrez un peu les graines, tassez avec le dos du râteau et arrosez. À éclaircir quand les plants auront quatre à cinq feuilles, tous les 20 à 25 cm.

2 h 13

Le 26, ne jardinez pas avant 8 h 10.
Récoltez selon vos besoins les brocolis, les choux-fleurs et aussi le safran. Faites sécher les stigmates. Stockez-les dans des bocaux ou des sachets en papier.

6 h 07

Le 28, ne jardinez pas.
Ramassez la mâche, les épinards, laitues pommées, à couper, choux de Chine, cabus, de Milan, cardons, céleris à côtes et le fenouil doux. Quand il a gelé, récoltez les variétés d'hiver de chou de Bruxelles en commençant par les pommes du bas.

10 h 21

En régions douces, semez des fèves 'de Séville à longue cosse', d'Aguadulce à très longue cosse' en rangs espacés de 40 cm, écartez les grains de 10 à 15 cm, à 5 cm de profondeur. Tassez avec le dos du râteau et arrosez en pluie fine si le sol est sec.

7 h 34

Sous châssis, semez des carottes de type grelot 'Marché de Paris 4' et des radis. Mélangez les deux semences dans le même rang. En récoltant les radis, vous laisserez de la place aux carottes. Fermez les sillons, tassez et arrosez en pluie fine.

Les nœuds lunaires ascendants ou descendants et les périodes de lunes montantes ou descendantes correspondent à des notions différentes. Ainsi, peut-on avoir un nœud descendant en période de lune montante et inversement.

Mes notes

L'info du mois

Lorsque la pleine lune et un nœud lunaire, ici ascendant, sont proches, une éclipse de Lune se produit. C'est le cas, le 28 octobre (maximum à 20 h 14), mais elle n'est que partielle.

Novembre 2023

mercredi **1** – jeudi **2** – LUNE MONTANTE jusqu'à 5 h 14

Faites le bilan des récoltes, des échecs de l'année et le plan de votre potager pour 2024. Tenez compte des rotations – un même légume ne se cultive pas au même endroit avant 3 à 5 ans – et des mariages bénéfiques ou pas. Repérez les parcelles qu'il ne faut pas fertiliser.

14 h 47

Si besoin, renforcez les protections des artichauts avec de la paille, des fougères ou un voile d'hivernage. Au contraire, s'il fait doux, aérez les touffes.

vendredi **3** – samedi **4**

2 h 02

Plantez les laitues d'hiver semées les 29-30 septembre. Blanchissez pour les attendrir des chicorées, cardons, céleris à côtes et pissenlits. Coupez les rameaux de l'estragon à 10 cm du sol. Couvrez d'une couche de paille puis d'un voile d'hivernage.

dimanche **5** – 8 h 36

17 h 01

lundi **6** – APOGÉE 21 H 48

Le 6, ne jardinez pas après 16 h 40.
S'il ne gèle pas, plantez les petits fruits à racines nues. Enrichissez le sol avec du compost bien décomposé. Installez préalablement une armature pour les framboisiers. Buttez les fèves semées les 1er et 2 octobre. Avec la panne d'une serfouette, rapprochez la terre des tiges pour former des buttes de 15 cm de hauteur. Les tiges seront mieux maintenues.

mardi **7** – mercredi **8** – LUNE DESCENDANTE

18 h 05

jeudi **9** – vendredi **10** – samedi **11** – ☊ 8 h 48

Le 11, ne jardinez pas avant 14 h.
Arrachez selon vos besoins les crosnes, salsifis, scorsonères, raiforts, topinambours, panais et poireaux. Paillez le sol pour continuer les récoltes même s'il gèle. Dans le Midi, plantez les échalotes 'Jermor', 'Longor', 'Mikor' et partout 'Griselle'. Enterrez à peine les pointes. Plantez l'ail blanc et violet. Ameublissez les sols lourds. Séparez la terre en grosses mottes sans les briser, le gel s'en chargera à votre place.

dimanche **12**

10 h 51

lundi **13** – 9 h 27

Si besoin, renforcez les protections des artichauts avec de la paille, des fougères ou un voile d'hivernage. Au contraire, s'il fait doux, aérez les touffes.

2 h 29

mardi **14** – mercredi **15**

Forcez des endives. Coupez les feuilles à 3 cm et les racines à 20 cm. Plantez les racines dans une fosse au jardin ou une caisse en cave. Plantez les derniers choux cabus. Enterrez les plants jusqu'aux premières feuilles, tassez et arrosez copieusement.

2 h 00

jeudi **16** – 14 h 44 – LUNE MONTANTE

Dans les régions douces ou sous un tunnel, semez les fèves 'de Séville à longue cosse', 'd'Aguadulce à très

Les nœuds lunaires ascendants ou descendants et les périodes de lunes montantes ou descendantes correspondent à des notions différentes. Ainsi, peut-on avoir un nœud descendant en période de lune montante et inversement.

PERMACULTURE

Pour ne pas épuiser le sol ni favoriser les maladies et parasites, ne cultivez pas deux années de suite des plantes de la même famille au même endroit.

Novembre 2023

Jour	Lune	Heure	Conseils
jeudi 16	LUNE DESCENDANTE – 14 h 44	2 h 00	longue cosse' ; les pois à grains ronds, les nains, 'Cador', 'Petit provençal', 'Plein le panier', 'Douce Provence' et les grimpants, 'Caractacus', 'Express à longue cosse' ou 'Roi des conserves'. Écartez les lignes de 30 cm pour les nains et de 40 cm pour les ramants.
vendredi 17			
samedi 18		9 h 37	Dégermez à la main les pommes de terre pour qu'elles ne se vident pas de leurs réserves. Contrôlez les légumes conservés en silo, retirez ceux qui s'abîment avant qu'ils ne contaminent les autres. Renforcez si besoin les protections.
dimanche 19			
lundi 20	10 h 49	8 h 05	**Le 21, ne jardinez pas après 15 h 55.** Récoltez selon vos besoins les brocolis et les choux-fleurs.
mardi 21	PÉRIGÉE 21 H 01		
mercredi 22	LUNE MONTANTE	13 h 02	**Le 24, ne jardinez pas.** Récoltez les plus grosses pommes des choux de Bruxelles en commençant par celles du bas des tiges, les épinards, laitues et la mâche. Protégez les plus fragiles. À la maison, en terrine, semez du cresson alénois. Dispersez bien les graines. Placez à la lumière, sans soleil direct.
jeudi 23			
vendredi 24	☊ 11 h 01	19 h 04	Dans le Midi, semez les pois à grains ronds. Écartez les lignes de 30 cm pour les nains et de 40 cm pour les grimpants. Distancez les grains de 3 cm, couvrez-les et tassez avec le dos du râteau.
samedi 25			
dimanche 26		17 h 03	Sous châssis, semez des radis ronds 'Gaudo', 'Gaudry 2' et des carottes de type grelot 'Marché de Paris 4'. Vous les éclaircirez après la levée, tous les 5 cm. Aérez par temps doux. Protégez des limaces et couvrez les châssis de paillassons par temps froid. Stratifiez les graines de cerfeuil tubéreux dans un pot contenant du sable. Couvrez d'un grillage pour les protéger des oiseaux et rongeurs.
lundi 27	9 h 16		
mardi 28			
mercredi 29	14 h 11	23 h 59	S'il fait froid, renforcez les protections des artichauts. Ajoutez de la paille, des fougères, un voile d'hivernage ou doublez-le.
jeudi 30	LUNE DESCENDANTE		

Les nœuds lunaires ascendants ou descendants et les périodes de lunes montantes ou descendantes correspondent à des notions différentes. Ainsi, peut-on avoir un nœud descendant en période de lune montante et inversement.

Mes notes

L'info du mois

Les horaires sont donnés à la minute, mais la Lune ne réagit pas instantanément ! Ne vous pressez pas trop, notamment lors du passage de la Lune montante à descendante et inversement, ou des entrées dans chaque constellation.

Décembre 2023

vendredi 1 · samedi 2 · dimanche 3 · lundi 4 · mardi 5 · mercredi 6 · jeudi 7 · vendredi 8 · samedi 9 · dimanche 10 · lundi 11 · mardi 12 · mercredi 13 · jeudi 14 · vendredi 15 · samedi 16

LUNE DESCENDANTE

APOGÉE 18 H 42

Premier quartier 5 h 49

Nœud lunaire 15 h 24

Nouvelle lune 23 h 31

21 h 52

LUNE MONTANTE

PÉRIGÉE 18 H 52

10 h 49

Par temps doux, aérez les touffes des artichauts.

Forcez d'autres endives, dans un silo au jardin ou dans une caisse à la cave. Couvrez-les d'un plastique noir. Blanchissez des pissenlits. Taillez les noisetiers. Gardez de belles rames qui serviront de tuteurs.

1 h 25

Le 4, ne jardinez pas après 13 h 35.
Hors gel, plantez les petits fruits à racines nues (cassissiers, groseilliers, framboisiers). Enrichissez préalablement les emplacements de compost bien décomposé. Écartez-les de 1 m sur le rang. Bouchez et arrosez copieusement dans une cuvette de terre. Transplantez les rejets de framboisiers trop éloignés des pieds d'origine.

2 h 34

Le 8, ne jardinez pas après 10 h 15.
En régions douces, plantez l'ail blanc et violet sur une parcelle non fumée récemment. Selon vos besoins, récoltez les crosnes, panais, topinambours, salsifis, scorsonères. Conservez quelques beaux pieds de crosne, de raifort et de topinambour, ils vous permettront de redémarrer la culture au printemps prochain. Continuez la préparation des sols lourds, ne cassez pas les mottes. Au printemps, vous terminerez le travail du gel en affinant et en aplanissant la terre.

19 h 53

Par temps doux, aérez les artichauts et par temps froid, contrôlez ou renforcez les protections.

11 h 17

S'il fait doux, aérez les cultures sous abri, les épinards, laitues et la mâche. Protégez des limaces. Taillez des rames de noisetier qui serviront de tuteurs.

9 h 58

En régions douces, semez à 5 cm de profondeur, les fèves 'de Séville à longue cosse', 'd'Aguadulce à très longue cosse'. Semez aussi des pois à grains ronds et des mangetout, nains ou grimpants. Distancez les rangs de 30 à 40 cm, répartissez les grains, couvrez-les, tassez au râteau et arrosez en pluie fine par temps sec.

16 h 11

Le 16, ne jardinez pas après 13 h 45.
Nettoyez les outils qui travaillent le sol ou taillent, poncez les manches en bois, affûtez et graissez les lames.

Les nœuds lunaires ascendants ou descendants et les périodes de lunes montantes ou descendantes correspondent à des notions différentes. Ainsi, peut-on avoir un nœud descendant en période de lune montante et inversement.

PERMACULTURE

Pralinez les racines nues des petits fruits : faites-les tremper dans une boue épaisse. Elle protège les racines du dessèchement et favorise la reprise.

Décembre 2023

samedi **16** — PÉRIGÉE 18 H 52

dimanche **17**

lundi **18**

mardi **19** — 18 h 39

mercredi **20**

jeudi **21** — ☊ 13 h 53 — SOLSTICE D'HIVER 3 H 27

vendredi **22**

samedi **23**

dimanche **24**

lundi **25**

mardi **26** — 21 h 50

mercredi **27** — 0 h 33

jeudi **28**

vendredi **29**

samedi **30**

dimanche **31**

LUNE MONTANTE

LUNE DESCENDANTE

Le 16, ne jardinez pas après 13 h 45.
Lorsque le plan du potager prévu pour 2024 est arrêté, déterminez les semences nécessaires et achetez-les au plus vite, le choix sera plus important.

13 h 46

En régions clémentes, récoltez les choux-fleurs d'automne.

17 h 46

Le 21, ne jardinez pas après 8 h 45.
S'il ne gèle pas ou si les cultures sont abritées, récoltez la mâche, les épinards, choux cabus, de Milan et de Bruxelles. À la maison, dans un germoir, faites germer des lentilles, des pois chiches, du soja ; en terrine, du pourpier doré, couvrez un peu les graines, tassez avec une planchette et humidifiez.

1 h 30

En régions douces, semez les fèves, les pois à grains ronds et mangetout, nains ou grimpants. Vous les binerez un peu après leur germination, puis les butterez.

0 h 30

Sous châssis, à 10 °C, semez des radis 'Gaudry 2' ou 'Flamboyant 5' avec des carottes 'Marché de Paris 4'. Mélangez les deux semences ; en récoltant les radis, vous éclaircirez les carottes. Couvrez peu les graines, tassez avec une planchette et arrosez en pluie fine. Vous aérerez par temps doux en milieu de journée. Protégez des limaces et si besoin du froid avec des paillassons.

8 h 26

S'il ne gèle pas, préparez les emplacements qui accueilleront les nouveaux artichauts. Ameublissez la terre en profondeur sans la retourner et enrichissez-la de compost bien décomposé. Nivelez la surface avec un râteau.

19 h 16

Par temps doux, aérez les cultures sous abri, épinards, laitues, mâche. Protégez des limaces. Forcez des endives en silo au jardin ou en caisse à la cave.

9 h 44

S'il ne gèle pas, installez les petits fruits vendus à racines nues (framboisiers, cassissiers, groseilliers). Prévoyez une armature pour palisser les framboisiers. Enrichissez le sol de compost bien décomposé et de corne broyée.

Les nœuds lunaires ascendants ou descendants et les périodes de lunes montantes ou descendantes correspondent à des notions différentes. Ainsi, peut-on avoir un nœud descendant en période de lune montante et inversement.

Mes notes

L'info du mois

La lune traverse plus ou moins rapidement chaque constellation selon la surface qu'elle occupe. Vous aurez plus de temps pour semer, planter et entretenir les racines, puis les feuilles, les graines et fruits et en dernier les fleurs.

Janvier 2024

Jour	Lune
lundi 1	Apogée 15 h 28
mardi 2	
mercredi 3	
jeudi 4	3 h 30 ; ☊ 18 h 52
vendredi 5	
samedi 6	
dimanche 7	
lundi 8	
mardi 9	
mercredi 10	7 h 03
jeudi 11	11 h 57
vendredi 12	
samedi 13	Périgée 10 h 35
dimanche 14	
lundi 15	
mardi 16	

Lune descendante (jusqu'au 10, 7 h 03) — Lune montante

Le 1er, ne jardinez pas après 10 h 20.
Arrachez les rejets de framboisiers trop éloignés des pieds d'origine. Replantez-les ailleurs, en ligne à 1 m d'écartement.

10 h 54

Le 4, ne jardinez pas après 13 h 45.
En régions douces et en sol léger, drainé, sur une parcelle non fumée récemment, plantez l'ail blanc 'Messidrôme' ou 'Thermidrôme', l'ail violet 'Germidour', l'ail rose 'Fructidor'. Séparez les caïeux, conservez ceux du tour des têtes. Dans des sillons espacés de 20 cm, placez les caïeux, pointe en l'air tous les 10 à 12 cm. Enterrez peu l'ail et n'arrosez pas. Installez les échalotes longues 'Jermor', 'Longor' et 'Mikor' en les espaçant de 15 cm.

5 h 25

Travaillez les emplacements réservés aux futurs artichauts. Ameublissez la terre sans la retourner et enrichissez-la avec du compost bien décomposé.

21 h 19

Préparez le sol de la future aspergeraie. Tous les 80 cm, ouvrez des tranchées de 40 cm de largeur et 25 cm de profondeur. Vous y placerez les griffes en mars-avril.

20 h 03

En régions douces, semez les pois ronds nains, 'Douce Provence', 'Petit provençal', 'Plein le panier' ou grimpants, 'Caractacus', 'Express à longue cosse', 'Roi des conserves' et les mangetout 'Bamby', 'Norly'. Espacez les rangs de 30 à 40 cm et les grains de 3 cm. Couvrez-les, tassez au râteau et arrosez.

1 h 22

Le 13, ne jardinez pas avant 15 h 40.
Sous châssis, en lignes espacées de 15 cm, semez des poireaux 'Gros long d'été 2', 'Jaune gros du Poitou', 'Electra'. Dispersez bien les graines, fermez les sillons, tassez et arrosez en pluie fine.

21 h 36

Au chaud, en terrine, semez des choux-fleurs 'Sérac' ou 'Neckarperle'. Dispersez les graines et couvrez de terre fine. Tassez avec une planchette, couvrez d'une vitre. Ôtez la condensation tous les jours. Vous éclaircirez les plants après la levée et les repiquerez au chaud, en février.

23 h 04

Au chaud, semez des laitues pommées 'Appia', 'Reine de mai' et à couper. Couvrez légèrement les graines, tassez avec une planchette et vaporisez d'eau.

Les nœuds lunaires ascendants ou descendants et les périodes de lunes montantes ou descendantes correspondent à des notions différentes. Ainsi, peut-on avoir un nœud descendant en période de lune montante et inversement.

PERMACULTURE

Ne jetez pas les caïeux d'ail situés au centre (qui ne donneront pas de belles têtes), mais plantez-les au pied d'un pêcher pour repousser la cloque.

Janvier 2024

mardi **16**

mercredi **17** — ☊ 14 h 03

jeudi **18** — Premier quartier 3 h 52

vendredi **19**

samedi **20**

dimanche **21**

lundi **22**

mardi **23**

mercredi **24**

jeudi **25** — Pleine lune 17 h 53

vendredi **26**

samedi **27**

dimanche **28**

lundi **29** — APOGÉE 8 h 14

mardi **30**

mercredi **31** — ☋ 20 h 17

LUNE MONTANTE — 3 h 40 — LUNE DESCENDANTE

Changements de signe : 7 h 03 ; 6 h 13 ; 15 h 17 ; 2 h 29 ; 17 h 09 ; 18 h 23

Le 17, ne jardinez pas après 8 h 55.
Au chaud, en caissette, en répartissant bien les graines, semez des choux cabus 'Cœur de bœuf', 'Tête de pierre', 'Marché de Copenhague' et 'Express'. Pour prolonger les récoltes ou protéger du froid, couvrez d'un voile d'hivernage la mâche, les épinards et les laitues d'hiver.

En régions clémentes, semez les pois à grains ronds, les mangetout et les fèves. Ouvrez des sillons espacés de 30 à 40 cm et dispersez-y les grains. Fermez-les et tassez avec le dos du râteau. Arrosez si le sol est sec.

Sous abri, semez des radis de tous les mois 'de Dix-huit jours', 'Flamboyant 5', 'Gaudry 2'. Semez les variétés rondes en surface, les demi-longues à 2 cm de profondeur. Mélangez les graines avec celles de carottes 'Marché de Paris 4' ou 'Touchon'. En récoltant les radis dans un mois, vous éclaircirez les carottes. Sous abri, semez des navets 'Jaune boule d'or', 'de Croissy' ou 'de Milan rouge'. Protégez des limaces dès maintenant.

S'il ne gèle pas, travaillez les emplacements réservés aux futurs artichauts. Ameublissez la terre sans la retourner et enrichissez-la avec du compost bien décomposé.

Préparez le sol de la future aspergeraie. Tous les 80 cm, ouvrez des tranchées de 40 cm de largeur et 25 cm de profondeur. Vous y placerez les griffes en mars-avril.

Le 29, ne jardinez pas avant 13 h 20.
Hors période de gel, taillez les petits fruits (cassissiers, groseilliers à grappes et à maquereaux). Faites des boutures avec des rameaux de l'année dernière de 20 cm de long. Enterrez-les en place, par trois, à 1 m de distance. Laissez dépasser uniquement l'œil supérieur. Buttez les fèves quand elles mesurent 20 cm de hauteur.

Le 31, ne jardinez pas après 15 h 10.
En toutes régions, en sol non fumé récemment, plantez les échalotes 'Mikor', 'Jermor' ou 'Longor'. Espacez les sillons de 20 à 30 cm, les caïeux de 15 cm, enterrez peu les pointes et n'arrosez pas. Binez et désherbez jusqu'à la récolte, ne paillez pas le sol.

Les nœuds lunaires ascendants ou descendants et les périodes de lunes montantes ou descendantes correspondent à des notions différentes. Ainsi, peut-on avoir un nœud descendant en période de lune montante et inversement.

Mes notes

L'info du mois

Si un geste du calendrier est trop précoce pour votre climat, décalez-le à une période montante ou descendante plus tardive. Intervenez devant une constellation favorable aux racines, feuilles, fleurs, graines ou fruits selon la plante.

Février 2024

jeudi 1

vendredi 2

samedi 3

dimanche 4

lundi 5

mardi 6

mercredi 7

jeudi 8

vendredi 9

samedi 10

dimanche 11

lundi 12

mardi 13

mercredi 14

jeudi 15

vendredi 16

LUNE DESCENDANTE

23 h 17

17 h 02

LUNE MONTANTE

22 h 59

PÉRIGÉE 18 H 52

☊ 17 h 01

15 h 00

En sol bien drainé, installez l'ail rose 'Printanor', 'Flavor' ou 'Cledor' en conservant les gousses du tour des têtes. Rebouchez les sillons en couvrant peu les caïeux, les pointes doivent rester légèrement visibles.

13 h 55

Après les grands froids, ôtez les protections autour des touffes d'artichauts. Laissez deux œilletons par pied. Étalez du compost mûr en surface. Vous transplanterez les autres quand ils auront 20 cm de hauteur.

6 h 46

Repiquez les semis des 16-17 janvier : les laitues en place, si besoin sous châssis, tous les 30 cm, en laissant flotter les collets ; les choux cabus en pépinière, tous les 10 cm, en enterrant la base des tiges. Protégez des limaces.

6 h 33

En serre, au chaud à 18-20 °C, semez en terrines des tomates 'Cœur de bœuf', 'Saint-Pierre', 'des Andes', 'Green Zebra', 'Poire jaune', 'Pyros'. Répartissez les graines, couvrez-les peu, tassez et arrosez en pluie fine. Semez des aubergines, piments et poivrons, au chaud, dans un mélange léger. Couvrez d'une vitre. Retournez-la tous les jours pour éliminer la condensation.

12 h 19

Au chaud (20 à 25 °C), dans une mini-serre, dans un mélange léger, semez le céleri-rave 'Monarch' dans de petits sillons. Couvrez peu les graines, tassez avec une planchette et vaporisez d'eau. Fermez le couvercle et maintenez humide jusqu'à la levée.

8 h 01

Le 10, ne jardinez pas après 13 h 45.
En pépinière abritée, semez des brocolis. Espacez les sillons de 10 cm et les graines de 3 cm. Au chaud en terrine, à 15-18 °C, semez les choux-fleurs d'été. Dispersez les graines et couvrez-les un peu. Tassez et vaporisez d'eau.

7 h 18

Le 13, ne jardinez pas après 11 h 55.
Semez en pépinière des laitues pommées, romaines, batavias ou à couper. Semez, en lignes distantes de 20 à 30 cm, des épinards de printemps, des pissenlits, de la ciboulette, du cresson alénois, de la roquette, du persil et du cerfeuil. Maintenez le sol frais jusqu'à la levée.

14 h 06

Semez les pois nains ou grimpants, ronds 'Douce Provence', 'Petit provençal', 'plein le panier', mangetout 'Bamby', 'Corne de bélier', 'Norly', 'Normand' et les fèves. Écartez les lignes de 30 à 40 cm. Vous les binerez quelques jours après leur germination.

12 h 08

Semez des oignons de couleur 'Jaune des Cévennes',

Les nœuds lunaires ascendants ou descendants et les périodes de lunes montantes ou descendantes correspondent à des notions différentes. Ainsi, peut-on avoir un nœud descendant en période de lune montante et inversement.

Mes notes

L'info du mois

La partie consommée d'un légume détermine son classement en racine, feuille, fleur ou graine et fruit. Ainsi, la betterave est un légume-racine ; le céleri à côtes, un légume-feuille ; le chou-fleur, un légume-fleur ; le concombre et le haricot, des légumes-graines et fruits.

Février 2024

Jour	Lune	Heure
vendredi 16	Premier quartier 15 h 00	12 h 08
samedi 17	LUNE MONTANTE	
dimanche 18	LUNE MONTANTE	
lundi 19	8 h 40	20 h 57
mardi 20	LUNE DESCENDANTE	
mercredi 21	LUNE DESCENDANTE	8 h 28
jeudi 22	LUNE DESCENDANTE	
vendredi 23	LUNE DESCENDANTE	23 h 28
samedi 24	Pleine lune 12 h 30	
dimanche 25	APOGÉE 14 H 58	0 h 55
lundi 26		
mardi 27	☋ 22 h 53	
mercredi 28		
jeudi 29		20 h 47

'Espagnol', 'Paille des vertus', 'Rouge de Florence' ou blancs 'de Barletta', 'de Vaugirard', 'Printanier parisien', en rangs larges espacés de 30 à 40 cm, à 1 ou 2 cm de profondeur. À éclaircir ensuite à 15-20 cm. Semez des poireaux d'été et d'automne, sous châssis ou en pépinière, 'Jaune gros du Poitou', 'Malabare', 'Monstrueux d'Elbeuf'. Vous éclaircirez les jeunes plants tous les 5 cm un peu après la levée.

Repiquez au chaud, en pot, les choux-fleurs semés les 14 et 15 janvier. Enterrez la base des plants. Œilletonnez les artichauts. Conservez deux beaux rejets par pied. Transplantez les autres. Écartez-les de 1 m en tous sens.

Plantez les choux cabus semés les 16-17 janvier. Écartez les pieds de 60 cm en tous sens et enterrez la base des plants. Préparez le sol de la future aspergeraie.

Le 25, ne jardinez pas après 9 h 50.
Taillez les cassissiers et les groseilliers. Supprimez à leur base les tiges âgées situées au centre qui fructifient peu. Bouturez des rameaux de l'année passée, de 20 cm de longueur. Plantez-les par trois, en place, en écartant les groupes de 1 m sur une ligne. Binez les fèves et pois semés les 18 et 19 janvier, posez les rames pour les variétés grimpantes.

Le 27, ne jardinez pas après 17 h 45.
Installez les pommes de terre précoces 'Agata', 'Belle de Fontenay', 'Amandine', 'Chérie', 'Manon', 'Sirtema'. Espacez les rangs de 80 cm, les plants de 35 cm, à 10 cm de profondeur. Bouchez sans casser les germes. Vous les butterez quand le feuillage aura 25 cm de hauteur. Plantez les crosnes, topinambours, raiforts. Repiquez pour la 1re fois les céleris-raves semés le 9 février.

Les nœuds lunaires ascendants ou descendants et les périodes de lunes montantes ou descendantes correspondent à des notions différentes. Ainsi, peut-on avoir un nœud descendant en période de lune montante et inversement.

PERMACULTURE

Les artichauts restent en place trois ans, hauts, ils font de l'ombre à leurs voisins, mais ce peut être un avantage. Choisissez bien leur emplacement.

Les fiches de culture

Pour connaître avec précision les horaires des jours des calendriers de culture des fiches, reportez-vous au calendrier annuel (pp. 24-70).

LÉGUMES-RACINES

Constellations lunaires :

Préparez et enrichissez le sol, plantez, entretenez et récoltez quand la Lune descendante passe devant la Vierge.

Famille : Alliacées.
Cycle : vivace, cultivé en annuel.
Récolte : ail, mai à août, selon les régions et les variétés ; échalote, mi-juin à fin août.

Ail *(Allium sativum)*
Échalote *(Allium ascalonicum)*

L'ail et l'échalote se cultivent en sol léger, profond, bien drainé, voire sec, et à une exposition bien ensoleillée. Ils préfèrent un climat tempéré, chaud ou doux et craignent l'humidité du sol ou de l'atmosphère.

Rotation

Plantes sobres qui redoutent une fumure récente, l'ail et l'échalote entrent dans la catégorie des légumes peu exigeants du quatrième groupe de la rotation. Ils suivent un légume-racine et devancent une plante de la famille des Fabacées.

Associations

L'ail et l'échalote s'entendent bien avec les betteraves, carottes, fraisiers, laitues, pommes de terre et tomates. Éloignez-les des fèves, haricots et pois qui enrichissent le sol en azote.

Préparation et enrichissement du sol

En Lune descendante, devant la Vierge

Pour que les bulbes ne pourrissent pas, choisissez un emplacement bien exposé qui n'a pas reçu de fumier, de compost ou qui n'a pas été occupé par une Fabacée (légume ou engrais vert) depuis au moins un an. Ameublissez le sol en profondeur à l'automne ou un mois avant la plantation.

Plantation

En Lune descendante, devant la Vierge

En sol peu drainé, installez l'ail de printemps en mars, les échalotes (sauf la grise) de mars à mi-avril. En régions douces et en sol drainé, plantez l'ail d'automne et d'hiver de mi-octobre à fin décembre, les échalotes en octobre-novembre ainsi que la grise en toutes régions. En sol bien drainé, installez l'ail de printemps en janvier-février et les échalotes (sauf la grise), dès février. Séparez les caïeux des têtes d'ail et éliminez ceux du centre. Tous les 20 à 30 cm, ouvrez des sillons profonds de 3 à 4 cm. Placez un caïeu d'ail ou d'échalote la pointe en l'air tous les 10 à 15 cm, en quinconce d'un rang à l'autre. Fermez les sillons sans coucher les caïeux et couvrez légèrement les pointes de terre, n'arrosez pas. En régions humides ou sols lourds, formez des buttes sur la longueur des rangs et plantez les caïeux au sommet, l'eau en excès s'évacuera plus vite.

Entretien

En Lune descendante, devant la Vierge

Binez pour maintenir le sol nu sans mauvaises herbes. Le paillage est déconseillé car il retient l'humidité. En cas de forte sécheresse courant juin, effectuez deux ou trois arrosages.

Multiplication

Achetez vos « semences » chaque année, en privilégiant les variétés qui portent une vignette bleue, elles sont certifiées indemnes de virus.

Maladies et parasites

Ail : graisse, rouille, teigne. Échalote : mildiou, mouche de l'oignon, pourriture, rouille.

Variétés

Ails : d'automne et d'hiver, 'Germidour', 'Goulurose', 'Iberose', 'Messidrome', 'Primor', 'Thermidrome' ; de printemps, 'Cledor', 'Flavor', 'Goulurose', 'Iberose', 'Printanor'.
Échalotes : grise, 'Griselle' ; rondes, 'de Jersey', 'Golden Gourmet', 'Red Sun' ; demi-longues ou « poires », 'Mikor' ; longues, 'Jermor', 'Longor'.

Récolte et conservation

En Lune descendante, devant la Vierge

En mai, dégustez en vert les feuilles et les bulbes d'ail. Arrachez-les selon vos besoins car ils ne se conservent pas. Par beau temps, lorsque l'extrémité des feuilles est sèche, arrachez l'ail d'automne et d'hiver en juin-juillet et celui de printemps en juillet-août. Opérez de mi-juin à août pour l'échalote. Utilisez une fourche bêche pour ne pas abîmer les bulbes et enlevez la terre. Laissez-les deux ou trois jours à même le sol, disposez-les en lignes. Pour que les enveloppes de l'ail restent blanches, couvrez les têtes d'un rang avec les fanes d'un autre rang. Quand ils sont secs, stockez-les dans des cageots ou suspendez des tresses dans un local sec et aéré. Consommez l'échalote grise avant fin décembre, les autres et l'ail se gardent jusqu'en mars ou avril.

CALENDRIER DE CULTURE

	M	A	M	J	J	A	S	O	N	D	J	F
Plantation	8 au 10	5, 6						13, 15	9, 10	6, 7, 9	3, 5, 30	1, 26, 28, 29
Récolte			2, 3, 29 au 31	26, 27	23 au 25 (avant 10 h)	19, 20						

En vert, la période idéale pour planter l'ail de printemps et les échalotes (sauf la grise).

LÉGUME-FLEUR

Constellations lunaires :

Préparez et enrichissez le sol, plantez, entretenez et multipliez quand la Lune descendante passe devant la Balance et les Gémeaux.

Récoltez quand la Lune ascendante passe devant le Verseau.

Famille : Astéracées.
Cycle : vivace.
Récolte : avril à septembre, selon les régions.

Artichaut *(Cynara scolymus)*

L'artichaut se cultive dans un sol profond, frais, riche et en plein soleil. Il apprécie un climat océanique. Placez-le en bordure d'une allée, au fond d'un carré de culture, en pensant qu'il va prodiguer de l'ombre aux autres légumes.

Rotation

L'artichaut fait partie des plantes gourmandes avec les autres légumes-fleurs. Un légume-racine l'avait précédé sur le même emplacement et une plante de la famille des Fabacées lui succédera.

Associations

L'artichaut accepte le voisinage des choux, fèves, haricots, laitues, oignons, pois et radis.

Préparation et enrichissement du sol

En Lune descendante, devant la Balance et les Gémeaux

À l'automne pour les plantations de printemps ou un mois avant pour celles de septembre-octobre, travaillez le sol en profondeur. Apportez du fumier en surface, peu décomposé dans le premier cas, bien mûr dans le second. Enfouissez-le superficiellement un peu avant la mise en place des artichauts.

Plantation

En Lune descendante, devant la Balance et les Gémeaux

Opérez en mars-avril en climat frais ou en septembre-octobre en régions douces (Midi, Ouest, Sud-Ouest). Achetez des plants, appelés œilletons, d'une variété adaptée à votre région. Ouvrez de grands trous espacés de 80 cm à 1 m en tous sens. Enrichissez-les en mélangeant du compost à la terre extraite, des arêtes de poissons et des cendres de bois. Faites tremper les pots dans

Variétés

'Camus de Bretagne' (ou 'Macau'), 'Gros vert de Laon', 'Vert globe', 'Violet de Provence'.

une bassine d'eau, dépotez-les. Mettez en place, le haut de la motte au niveau du sol. Bouchez, tassez et arrosez avec un arrosoir sans pomme. Ces pieds vont produire pendant trois ans.

Entretien

En Lune descendante, devant la Balance et les Gémeaux

Griffez le sol et désherbez. Arrosez puis paillez la surface. Des légumes à croissance rapide (chicorées, laitues, radis) peuvent se cultiver entre les pieds la première année. En automne, avant les premières gelées, coupez au ras du sol les tiges florales et les feuilles abîmées ou très grandes, raccourcissez les autres de moitié. Liez les tiges et remontez la terre contre, sans couvrir le dessus. Ajoutez une couche de feuilles sèches et un voile d'hivernage en régions froides. Dégagez partiellement les touffes lors de périodes douces pour éviter la pourriture. Au printemps, courant mars, enlevez les protections et étalez les buttes de terre. Conservez à chaque pied les deux plus beaux œilletons. Incorporez du compost bien décomposé. À l'automne de la troisième année, arrachez les anciennes touffes.

Multiplication

En Lune descendante, devant la Balance et les Gémeaux

Au printemps de la troisième année de culture, renouvelez les pieds en œilletonnant les touffes anciennes. Dégagez la terre autour de nouvelles pousses, sélectionnez les plus belles d'environ 20 cm de hauteur. Coupez-les avec un talon de 3 cm de longueur de l'ancienne souche et si possible quelques radicelles. Coupez la moitié du feuillage, plongez la coupe et les racines dans une boue épaisse pour faciliter la reprise. Plantez-les (voir précédemment) en groupant deux œilletons par trou, écartés de 10 cm. N'enterrez pas le cœur du plant.

Maladies et parasites

Blanc (ou meunier), limaces, maladie grise (ou ramulariose), pucerons.

Récolte et conservation

En Lune ascendante, devant le Verseau

Opérez d'avril à septembre selon les régions, avant l'ouverture des écailles du centre. Coupez les tiges avec un sécateur 10 cm sous les têtes. Consommez-les de préférence le jour même.

CALENDRIER DE CULTURE

	M	A	M	J	J	A	S	O	N	D	J	F
Plantation	2, 12, 29	8, 25, 26					9, 19	6, 7, 16, 17				
Récolte		16 (après 7 h 30), 17	13, 14	9, 10	7, 8 (avant 16 h 11)	3, 4, 31	27, 28					

En vert, la période idéale pour planter (mars), sauf dans le Midi (septembre).

LÉGUME-GRAINE ET FRUIT

Constellations lunaires :

Préparez et enrichissez le sol, repiquez, plantez, entretenez et taillez quand la Lune descendante passe devant le Lion.

Semez et récoltez quand la Lune ascendante passe devant le Bélier et le Sagittaire.

Famille : Solanacées.
Cycle : annuel.
Durée de germination des graines : autour d'une semaine à plus de 20 °C.
Récolte : juillet à octobre, selon les régions.

Aubergine *(Solanum melongena)*

Légume très gourmand en eau et en chaleur, l'aubergine requiert un sol riche, frais et profond, une exposition très ensoleillée est également nécessaire.

Rotation

L'aubergine appartient aux légumes-fruits du quatrième groupe. Installez-la après des légumes-racines et semez ensuite un engrais vert ou des légumes de la famille des Fabacées.

Associations

L'aubergine s'accorde avec les carottes, haricots nains, laitues et radis.

Préparation et enrichissement du sol

En Lune descendante, devant le Lion

À l'automne précédent, ameublissez le sol sur 30 cm sans le retourner. Couvrez-le d'une couche de fumier peu décomposé. Incorporez-le en surface un mois avant la plantation.

Semis

En Lune ascendante, devant le Bélier et le Sagittaire

En régions fraîches, semez en mars-avril, mais dès février dans le Midi. Remplissez une terrine ou une miniserre chauffante de terreau, espacez les graines de quelques centimètres. Couvrez d'une fine couche, tassez avec une planchette et arrosez avec un vaporisateur. Fermez la miniserre ou posez une vitre sur la terrine jusqu'à la levée et placez à au moins 20 °C. Aérez et arrosez de temps en temps.

Repiquage

En Lune descendante, devant le Lion

Environ un mois plus tard, quand les plants présentent cinq à six feuilles, empotez-les en godets dans un mélange de terre et de terreau. Laissez-les à la chaleur, puis endurcissez-les la journée avant leur plantation, dehors ou sous châssis. Si cette dernière est retardée, rempotez dans des godets un peu plus grands, la croissance ne sera pas ralentie.

Plantation

En Lune descendante, devant le Lion

D'avril dans le Midi à mi-juin en régions fraîches, après les gelées, installez les aubergines au jardin, si besoin sous une protection. Espacez les pieds de 50 à 60 cm en tous sens. Ouvrez de grands trous et enrichissez-les en compost. Hydratez les mottes, enlevez les godets en plastique. Mettez les mottes dans les trous en enterrant la base des tiges. Tassez avec les mains et arrosez avec de l'eau tiédie. Vous pouvez aussi acheter des plants dans le commerce. En régions fraîches, ceux greffés produisent davantage.

Entretien

En Lune descendante, devant le Lion

Arrosez par temps sec, paillez le sol pour maintenir sa fraîcheur. Incorporez superficiellement des cendres de bois quand les fruits sont formés.

Taille

En Lune descendante, devant le Lion

Elle vise à accélérer la formation des fruits, elle est moins nécessaire dans le Midi. Supprimez systématiquement les pousses qui naissent à la base de la tige. Dès l'apparition de la deuxième fleur, taillez la tige principale en conservant la feuille située juste après. Environ un mois plus tard, taillez de la même manière les deux ou trois rameaux latéraux qui sont apparus. Ne conservez à chaque pied que six à dix fleurs, le maximum étant réservé au climat du Midi.

Variétés

'Baluroi', 'Black Beauty', 'Blanche ronde à œuf', 'Bonica', 'de Barbentane', 'Violette de Florence' (ou 'Violetta di Firenze').

Multiplication

Achetez vos semences chaque année.

Maladies et parasites

Araignées rouges, doryphores, limaces, mildiou, oïdium, pucerons.

Récolte et conservation

En Lune ascendante, devant le Bélier et le Sagittaire

Dans les régions douces, la récolte débute dès juillet et se poursuit jusqu'aux gelées. Cueillez les fruits lorsque l'épiderme est brillant et s'éclaircit légèrement. Coupez les pédoncules avec un sécateur. Les aubergines se consomment rapidement.

CALENDRIER DE CULTURE

	M	A	M	J	J	A	S	O	N	D	J	F
Semis	16, 24	12, 21										7, 15
Repiquage	5 au 7	2, 3, 29, 30	1, 27, 28									
Plantation		2, 3, 29, 30	1, 27, 28	23, 24								
Récolte					3, 11, 12, 31	8, 27	4, 23, 24	1, 2, 21, 29				

En vert, la période idéale pour semer en terrine (mars), sauf dans le Midi (février).

LÉGUME-RACINE

Constellations lunaires :

Préparez et enrichissez le sol, éclaircissez, entretenez et récoltez quand la Lune descendante passe devant la Vierge.

Semez quand la Lune ascendante passe devant le Capricorne et le Taureau.

Famille : Chénopodiacées.
Cycle : bisannuel.
Durée de germination des graines : 6 à 10 ans.
Temps de germination : 8 à 10 jours.
Récolte : juillet à novembre.

Betterave *(Beta vulgaris)*

Les racines de la betterave demandent un sol meuble, profond, frais et riche. Ce légume se cultive au soleil, sous tous les climats.

Rotation

La betterave entre dans le troisième groupe avec les principaux autres légumes-racines. Elle se place après les légumes-feuilles et avant les légumes sobres ou gourmands.

Associations

La betterave s'entend avec les céleris à côtes, choux (fleurs, pommés, raves), haricots nains, laitues et oignons. Elle redoute les carottes, pommes de terre, poireaux et tomates.

Préparation et enrichissement du sol

En Lune descendante, devant la Vierge

En automne ou en fin d'hiver pour les semis tardifs, travaillez le sol sur 30 cm de profondeur sans le retourner. Étalez ensuite une couche de fumier peu décomposé dans le premier cas ou mûr dans le second. Enfouissez-le superficiellement un mois avant le semis.

Semis

En Lune ascendante, devant le Capricorne et le Taureau

De mars à juin, opérez directement en place. Attendez la fin des gelées tardives ou protégez le semis par un tunnel, la betterave craint les températures fraîches. Pour la conservation hivernale, semez les betteraves à partir de mai. Avec la panne d'une serfouette, ouvrez un sillon large et peu profond. Déposez un glomérule tous les 5 cm pour limiter l'éclaircissage car chacun contient plusieurs graines. Couvrez-les de 1 cm de terre fine.

Variétés

'Albina Vereduna', 'Bull's Blood', 'Burpee's Golden', 'Chioggia', 'Crapaudine', 'd'Égypte', 'Détroit 3'.

Tassez avec le dos du râteau et arrosez avec un arrosoir muni d'une pomme. Espacez les rangs de 40 à 50 cm.

Éclaircissage

En Lune descendante, devant la Vierge

Environ un mois après le semis, d'avril à mi-août, éclaircissez une première puis une seconde fois, en conservant au final un pied tous les 10 à 12 cm, en quinconce. Les plus beaux plants peuvent se repiquer dans les vides ou sur un autre rang. Placez le collet, la base des feuilles, au niveau de la surface. Tassez autour et arrosez.

Entretien

En Lune descendante, devant la Vierge

Désherbez, binez et aérez le sol sans abîmer les racines. Paillez pour maintenir la fraîcheur entre les apports d'eau et limiter les mauvaises herbes.

Multiplication

La pureté variétale étant difficile à assurer par un amateur, il est préférable d'acheter les graines.

Maladies et parasites

Mildiou, rouille.

Récolte et conservation

En Lune descendante, devant la Vierge

À partir de juillet, arrachez les betteraves hâtives selon vos besoins. Ne les laissez pas trop grossir, elles seraient fibreuses, surtout si elles manquent d'eau. Tirez la touffe de feuille à la main, aidez-vous d'une fourche bêche en cas de résistance. Dégustez-les rapidement car elles sont meilleures.
En octobre-novembre, déterrez les betteraves pour la consommation hivernale. Les racines supportent de petites gelées. Laissez-les sécher une journée sur le sol, frottez-les pour retirer la terre. Coupez les feuilles au-dessus du collet et les fines racines. Conservez-les dans un silo, en alternant couches de sable et de racines. Vous les dégusterez jusqu'au printemps.

CALENDRIER DE CULTURE

	M	A	M	J	J	A	S	O	N	D	J	F
Semis	18, 26, 27	14, 22 au 24	12, 20, 21	8, 16, 17								
Éclaircissage		5, 6	2, 3, 29 au 31	26, 27	23 au 25 (avant 10 h)							
Récolte					23 au 25 (avant 10 h)	19, 20	15, 16, 18	13, 15	9, 10			

En vert, la période idéale pour semer en place.

LÉGUME-RACINE

Constellations lunaires :

Préparez et enrichissez le sol, éclaircissez, entretenez et récoltez quand la Lune descendante passe devant la Vierge.

Semez quand la Lune ascendante passe devant le Capricorne et le Taureau. Multipliez quand la Lune ascendante passe devant le Bélier et le Sagittaire.

Famille : Astéracées.
Cycle : bisannuel, cultivé en annuel.
Durée de germination des graines : 4 à 5 ans.
Temps de germination : 10 à 20 jours selon la température du sol.
Récolte : juin à mi-décembre, selon les périodes de semis.

Carotte *(Daucus carota)*

Les carottes ont besoin d'un sol bien ameubli, léger, sans cailloux, frais et riche en humus. Un bon ensoleillement est préférable, tous les climats lui conviennent.

Rotation

Cultivez les carottes en troisième position, après des légumes-feuilles et avant les légumes peu exigeants ou gourmands.

Associations

Le poireau mais aussi d'autres plantes odorantes (ail, ciboulette...) cultivés à proximité ou en alternant les rangs éloignent la mouche de la carotte. La carotte s'accorde aussi avec les céleris, choux, épinards, fèves, haricots, laitues, pois, radis et tomates. Éloignez l'aneth et le fenouil.

Préparation et enrichissement du sol

En Lune descendante, devant la Vierge

Ameublissez les emplacements à l'automne précédent ou en fin d'hiver pour les semis tardifs et apportez en surface de 2 à 3 kg/m^2 de fumier bien décomposé. Incorporez-le avec une griffe quelques semaines avant le semis. Retirez soigneusement les cailloux, ils sont responsables, ainsi que le fumier frais, des carottes fourchues.

Semis

En Lune ascendante, devant le Capricorne et le Taureau

En mars-avril, en pleine terre, si besoin sous tunnel, semez les carottes d'été et de pleine saison et de mi-mai à mi-juillet, celles pour l'automne et l'hiver. Opérez en rangs larges, profonds de 2 cm et espacés de 25 cm. Dispersez bien les semences pour limiter l'éclaircissage, recouvrez de terre fine, tassez et arrosez.

Variétés

Carottes d'été : 'Nanco', 'Nandor', 'Nantaise améliorée 3', 'Touchon'.
Carottes de pleine saison : variétés ci-dessus et 'de Carentan', 'de Meaux', 'de Luc', 'Jaune du Doubs', 'Juwarot', 'Presto'.
Carottes d'automne et d'hiver : 'Chantenay à cœur rouge 2', 'de Colmar 2', 'Flyaway', 'Maestro', 'Purple Haze'.

Éclaircissage

En Lune descendante, devant la Vierge

Lorsque les plantules ont 3 à 4 cm de hauteur, arrachez les plants les plus faibles, puis intervenez une seconde fois un peu plus tard. Au final, conservez un pied tous les 5 à 8 cm. Les plants arrachés ne se repiquent pas. Arrosez juste après.

Entretien

En Lune descendante, devant la Vierge

Les carottes d'été, de pleine saison et d'automne-hiver se récoltent trois à quatre mois après le semis. Le premier mois, ces légumes ne doivent pas manquer d'eau, ils allongent leurs racines. Le deuxième mois, le feuillage a besoin d'azote pour bien se développer. Effectuez un ou deux arrosages avec du purin d'ortie. Le troisième mois, les racines grossissent et ont besoin de potasse. Arrosez avec du purin de consoude. Griffez et désherbez régulièrement. Paillez les entre-rangs en juin.

Multiplication

En Lune ascendante, devant le Bélier et le Sagittaire

Récoltez les graines la deuxième année en août, après hivernage des pieds.

Maladies et parasites

Araignées rouges, fonte des semis, limaces, mouche de la carotte, oïdium.

Récolte et conservation

En Lune descendante, devant la Vierge

En juin et en juillet, déterrez les carottes d'été, de juillet à septembre celles de pleine saison, d'octobre à décembre celles à conserver. Par temps sec, arrachez les carottes à conserver avant les fortes gelées. Laissez ressuyer les racines puis nettoyez-les sans les laver, coupez les fanes au-dessus du collet. Au jardin ou en cave, conservez-les dans un silo protégé du gel. Protégez des rongeurs.

CALENDRIER DE CULTURE

	M	A	M	J	J	A	S	O	N	D	J	F
Semis	18, 26, 27	14, 22 au 24	12, 20, 21	8, 16, 17	5, 13 au 15 (avant 18 h 13)							
Éclaircissage		5, 6	2, 3, 29 au 31	26, 27	23 au 25 (avant 10 h)	19, 20						
Récolte				26, 27	23 au 25 (avant 10 h)	19, 20	15, 16, 18	13, 15	9, 10	6, 7, 9		

En vert, la période idéale pour semer en place les carottes d'hiver.

LÉGUMES-FEUILLES

Cerfeuil *(Anthriscus cerefolium)* Persil *(Petroselinum sativum)*

Tous les deux se cultivent en sol meuble, riche, frais, mais bien drainé. Cultivez-les de préférence à la mi-ombre en été et au soleil les autres saisons.

Rotation

Ils appartiennent au groupe des légumes-feuilles, prennent la suite d'une Fabacée et précèdent un légume-racine. Ils peuvent cependant se cultiver sans tenir compte de la rotation ou rester là où ils se ressèment.

Associations

Ils se plaisent avec de nombreux légumes. Éloignez le cerfeuil des radis et le persil des céleris, laitues, poireaux et pois.

Préparation et enrichissement du sol

En Lune descendante, devant le Cancer et le Scorpion

Ameublissez l'endroit un mois avant le semis. Affinez la terre en surface et apportez un peu de compost décomposé.

Semis

En Lune ascendante, devant les Poissons

De mars à septembre-octobre, puis en février, semez un peu de graines tous les deux ou trois mois. Opérez sous abri en octobre et en février, au jardin sans protection de mars à septembre. Semez à la mi-ombre en plein été. Ouvrez un sillon peu profond, espacé de 20 à 30 cm des autres légumes. Répartissez les graines, couvrez-les de 1 cm de terre fine. Tassez, arrosez et maintenez frais jusqu'à la levée. Accélérez la germination des graines de persil en les trempant dans de l'eau tiède pendant 24 heures, séchez-les avant de les semer.

Constellations lunaires :

Préparez et enrichissez le sol, éclaircissez, plantez et entretenez quand la Lune descendante passe devant le Cancer et le Scorpion.

Semez et récoltez quand la Lune ascendante passe devant les Poissons. Multipliez quand la Lune ascendante passe devant le Bélier et le Sagittaire.

Famille : Apiacées.
Cycle : annuel ou bisannuel.
Durée de germination des graines : 2 à 3 ans.
Temps de germination : 8 à 25 jours.
Récolte : presque toute l'année.

Éclaircissage

En Lune descendante, devant le Cancer et le Scorpion

Deux à six semaines plus tard, quand quatre à cinq feuilles sont développées, arrachez les pieds les plus faibles, conservez les plus beaux, espacés de 10 à 15 cm. Tassez le sol et arrosez.

Plantation

En Lune descendante, devant le Cancer et le Scorpion

En mars-avril et en septembre-octobre, achetez ces aromatiques en pot, pour les cultiver sur un balcon. Faites-les tremper dans une bassine d'eau, puis dépotez-les. Rempotez-les dans des contenants plus grands et profonds, dans un mélange de terre et de terreau. Ajoutez un peu de compost. Arrosez copieusement, placez la potée au soleil non brûlant ou à la mi-ombre.

Entretien

En Lune descendante, devant le Cancer et le Scorpion

Désherbez et binez. Arrosez et paillez le sol en mai. Enlevez les feuilles jaunes. Protégez ces aromatiques du froid pour poursuivre leur cueillette. Vous pouvez aussi arracher de jeunes pieds avec une motte, les mettre en pot et les placer sous châssis. Aérez lors de périodes douces.

Variétés

Cerfeuil commun à feuilles simples ou frisées.
Persil : à feuillage plat, 'Commun 2', 'Géant d'Italie' ; à feuilles frisées, 'Favorit', 'Frisé vert foncé'.

Multiplication

En Lune ascendante, devant le Bélier et le Sagittaire

Laissez de beaux pieds monter à graines. Récoltez les ombelles avant la propagation des semences et terminez le séchage. Triez-les et ensachez-les.

Maladies et parasites

Cerfeuil : mildiou, rouille, pucerons.
Persil : limaces, oïdium, rouille.

Récolte et conservation

En Lune ascendante, devant les Poissons

Elle débute environ un mois après le semis pour le cerfeuil et deux pour le persil, un mois après la plantation pour les deux plantes. Elle prend fin avec la floraison, mais dure presque toute l'année avec des semis échelonnés. Prélevez les tiges les plus développées du pourtour des pieds, de nouvelles se forment au centre.

CALENDRIER DE CULTURE

	M	A	M	J	J	A	S	O	N	D	J	F
Semis	22	18, 19	15, 16	12	9, 10	5, 6	2, 29					12, 13 (avant 11 h 55)
Éclaircissage	4, 14	10, 27	7, 25	3, 4, 21	1, 18, 28, 29	14, 15, 25	11, 21	8, 18, 19				
Plantation	4, 14	10, 27					11, 21	8, 18, 19				
Récolte	22	18, 19	15, 16	12	9, 10	5, 6	2, 29	27	23	20	16	12, 13 (avant 11 h 55)

En vert, la période idéale pour semer en place le cerfeuil et le persil.

LÉGUME-FEUILLE

Constellations lunaires :

Préparez et enrichissez le sol, éclaircissez, plantez et entretenez quand la Lune descendante passe devant le Cancer et le Scorpion.

Semez et récoltez quand la Lune ascendante passe devant les Poissons. Multipliez quand la Lune ascendante passe devant le Bélier et le Sagittaire.

Famille : Astéracées.
Cycle : bisannuel, cultivé en annuel.
Durée de germination des graines : environ 8 ans.
Temps de germination : 3 à 5 jours en plein air.
Récolte : août à décembre, selon les périodes de semis.

Chicorée *(Cichorium endivia)*

Les chicorées frisées et scaroles préfèrent un sol profond, riche, frais pour former de belles pommes. Les premières sont plus sensibles au froid que les secondes. Toutes les deux demandent le plein soleil.

Rotation

Les chicorées trouvent place en deuxième position dans une rotation de quatre ans, après les plantes de la famille des Fabacées et avant les légumes-racines.

Associations

Les frisées et les scaroles s'accordent avec les carottes, choux, concombres, courges, haricots, navets, poireaux, pois et radis.

Préparation et enrichissement du sol

En Lune descendante, devant le Cancer et le Scorpion

De la fin de l'hiver à la fin du printemps, préparez les emplacements de plantation. Ameublissez le sol et enrichissez-le superficiellement avec du compost bien décomposé. Il retiendra bien l'eau, favorable au bon développement de ces salades.

Semis

En Lune ascendante, devant les Poissons

De mai à mi-août, opérez sous abri, puis en pépinière bien exposée, voire directement en place en été. Remplacez alors la plantation par un éclaircissage (aux mêmes dates). En juillet-août, utilisez des variétés qui résistent au froid et à l'humidité. En région froide, arrêtez les semis fin juillet. Tracez des sillons, dispersez bien les graines pour limiter l'éclaircissage. Couvrez d'une fine couche de terreau, sa couleur activera la germination. Tassez avec une planchette ou le dos du râteau et arrosez en pluie fine.

Variétés

Chicorées frisées : pour l'été et l'automne, 'Fine de Louviers', 'de Meaux', 'Grosse pancalière' ; pour le début de l'hiver, 'de Ruffec', 'Wallone'.

Chicorées scaroles : pour l'été et l'automne, 'Blonde à cœur plein', 'Cornet d'Anjou', 'Éminence' ; pour le début de l'hiver, 'Boucle d'or', 'Cornet de Bordeaux', 'Géante maraîchère', 'Ronde verte à cœur plein'.

Plantation

En Lune descendante, devant le Cancer et le Scorpion

Deux à trois semaines après le semis, installez les plants semés sous abri ou en pépinière à leur emplacement définitif. Arrachez les plants de préférence avec une motte. Mettez-les en place tous les 40 cm en tous sens. Arrosez copieusement.

Entretien

En Lune descendante, devant le Cancer et le Scorpion

Binez et griffez régulièrement le sol pour le maintenir propre. Arrosez en cas de sécheresse et paillez-le. L'amertume du feuillage est plus ou moins importante selon les variétés, le blanchiment le réduit. Il consiste à priver de lumière le cœur des salades avec une cloche opaque, un pot de fleur retourné ou en resserrant et en liant les feuilles. Effectuez ce geste par temps sec pour éviter que les cœurs pourrissent et progressivement, les chicorées blanchies se conservant peu de temps. Une dizaine de jours est nécessaire pour attendrir les cœurs.

Multiplication

En Lune ascendante, devant le Bélier et le Sagittaire

La récolte des graines est peu pratiquée par un jardinier amateur. Elle s'effectue en automne de la seconde année, après hivernage à l'abri du gel de quelques pieds.

Maladies et parasites

Limaces, pourriture du collet, pucerons, rouille.

Récolte et conservation

En Lune ascendante, devant les Poissons

Les chicorées d'automne se cueillent d'août à octobre, celles d'hiver en novembre-décembre. Opérez selon vos besoins, après blanchiment. Protégez les dernières sous un tunnel si elles sont sensibles au froid. Vous pouvez aussi arracher quelques pieds en Lune descendante, les replanter dans une caisse et les garder dans un local hors-gel. La récolte se prolongera ainsi en début d'année.

CALENDRIER DE CULTURE

	M	A	M	J	J	A	S	O	N	D	J	F
Semis			15, 16	12	9, 10	5, 6						
Plantation			7, 25	3, 4, 21	1, 18, 28, 29	14, 15, 25	11					
Récolte						5, 6	2, 29	27	23	20		

En vert, la période idéale pour semer en pépinière les chicorées d'automne.

LÉGUMES-FLEURS

Constellations lunaires :

Préparez et enrichissez le sol, repiquez, plantez et entretenez quand la Lune descendante passe devant la Balance et les Gémeaux.

Semez et récoltez quand la Lune ascendante passe devant le Verseau.

Famille : Brassicacées.
Cycle : annuel ou bisannuel.
Durée de germination des graines : 5 à 6 ans.
Temps de germination : 3 à 15 jours.
Récolte : mars à novembre.

Chou brocoli à jets

(Brassica oleracea var. italica)

Chou-fleur

(Brassica oleracea var. botrytis)

Un sol profond, riche qui ne sèche pas en été et une exposition ensoleillée sont nécessaires à ces choux. Ils préfèrent un climat tempéré, plutôt humide.

Rotation

Ces choux appartiennent aux légumes-fleurs du quatrième groupe de la rotation. Ils prennent la suite d'un légume-racine et devancent une Fabacée. Ne cultivez pas au même emplacement plusieurs années de suite divers autres choux.

Associations

Ils acceptent les betteraves, concombres, haricots, pois, pommes de terre, tomates et ne s'entendent pas avec les fraisiers.

Préparation et enrichissement du sol

En Lune descendante, devant la Balance et les Gémeaux

À l'automne précédent ou en fin d'hiver, ameublissez le sol sans le retourner. Disposez en surface une couche de fumier ou de compost. Enfouissez-le superficiellement quelques semaines avant la mise en place. Il doit être bien décomposé.

Semis

En Lune ascendante, devant le Verseau

De mars à juillet, semez les brocolis à jets, de mars à juin, les choux-fleurs d'automne et en mai-juin ceux d'hiver, à cultiver en régions douces. Pour tous ces choux, opérez en pépinière, bien exposée en début de période. Espacez les sillons de 10 cm, les graines de 3 cm et couvrez-les de terre fine. Tassez avec le dos du râteau, arrosez et mainte-

Variétés

Choux brocolis à jets : 'Cezar', 'Chevalier', 'Early Purple Sprouting', 'Green Magic', 'Verdia', 'Vert calabrais'.
Choux-fleurs : d'automne, 'Cashmere', 'Flora Blanca', 'Géant d'automne primus', 'Locris', 'Marine', 'Snow Crown', 'Veronica' ; d'hiver, 'Armado', 'Nomad', 'Tardif d'Angers'.

nez le sol frais jusqu'à la germination. Identifiez bien les diverses variétés.

Repiquage

En Lune descendante, devant la Balance et les Gémeaux

Dix à quinze jours après la levée, arrachez les pieds de choux-fleurs d'automne et d'hiver les plus forts pour les transplanter toujours en pépinière, tous les 10 cm. Enterrez la base des tiges, tassez bien la terre autour des pieds et arrosez.

Plantation

En Lune descendante, devant la Balance et les Gémeaux

Environ un mois après le semis, quand les plants des brocolis et des choux-fleurs d'automne présentent de deux à quatre feuilles, mettez-les en place tous les 50 à 60 cm. Arrachez-les avec une motte ou pralinez les racines nues. Enterrez la base des tiges dans des trous enrichis de compost bien décomposé pour les choux-fleurs. Tassez et arrosez copieusement. Attendez juillet-août pour les choux-fleurs d'hiver, quand les plants ont quatre ou cinq feuilles, et écartez les pieds de 70 cm.

Entretien

En Lune descendante, devant la Balance et les Gémeaux

Désherbez et binez. Réalisez des cuvettes autour des pieds pour mieux retenir l'eau. Paillez le sol quand il est réchauffé. Quelques semaines avant la récolte, rabattez les feuilles supérieures des choux-fleurs sur les pommes pour qu'elles restent bien blanches.

Multiplication

Renouvelez vos paquets de semences.

Maladies et parasites

Altises, fonte des semis, hernie du chou, limaces, mouche du chou, noctuelle du chou, piérides.

Récolte et conservation

En Lune ascendante, devant le Verseau

Cueillez les jets des brocolis de juillet à novembre, quand les boutons sont bien fermés. Récoltez les choux-fleurs d'automne d'août aux gelées et ceux d'hiver de mars à juin de l'année suivante.

CALENDRIER DE CULTURE

	M	A	M	J	J	A	S	O	N	D	J	F
Semis	20, 21 (avant 12 h 43)	16 (après 7 h 30), 17	13, 14	9, 10	7, 8 (avant 16 h 11)							
Repiquage		8, 25, 26	6, 23	2, 19, 29	16, 17, 27							
Plantation		25, 26	6, 23	2, 19, 29	16, 17, 27	13						
Récolte	20, 21 (avant 12 h 43)	16 (après 7 h 30), 17	13, 14	9, 10	7, 8 (avant 16 h 11)	3, 4, 31	27, 28	24, 25	20 (après 8 h 05)			

En vert, la période idéale pour semer en pépinière le chou brocoli à jets et le chou-fleur d'automne.

LÉGUME-FEUILLE

Constellations lunaires :

Préparez et enrichissez le sol, repiquez, plantez et entretenez quand la Lune descendante passe devant le Cancer et le Scorpion.

Semez et récoltez quand la Lune ascendante passe devant les Poissons.

Famille : Brassicacées.
Cycle : bisannuel, parfois cultivé en annuel.
Durée de germination des graines : environ 5 ans.
Temps de germination : 3 à 6 jours selon la température du sol.
Récolte : presque toute l'année.

Chou pommé *(Brassica oleracea* var. *capitata* et var. *sabauda)*

Les choux cabus et de Milan se cultivent au soleil, en sol frais, bien drainé, assez riche, neutre ou calcaire. Un climat tempéré et humide est apprécié.

Rotation

Les choux pommés font partie du deuxième groupe de la rotation. Ils succèdent aux plantes de la famille des Fabacées et précèdent les légumes-racines.

Associations

Les choux s'entendent avec les betteraves, céleris, concombres, cornichons, haricots, laitues, pois, pommes de terre et tomates. Le parfum des plantes aromatiques repousse leurs parasites. Éloignez les choux pommés des échalotes, fraisiers, oignons, poireaux et radis.

Préparation et enrichissement du sol

En Lune descendante, devant le Cancer et le Scorpion

À l'automne précédent ou deux à trois mois avant les plantations, ameublissez et enrichissez le sol en fumier ou en compost bien décomposé. Attention, un excès nuit à la formation des pommes et réduit la résistance au froid.

Semis

En Lune ascendante, devant les Poissons

De mars à mai, semez les choux cabus et en mai-juin ceux de Milan. En régions clémentes, semez des choux cabus de printemps de mi-août à mi-septembre. Opérez en pépinière bien exposée, en rangs espacés de 10 cm. Dispersez les graines, couvrez-les, tassez le sol et arrosez en pluie fine.

Variétés

Choux cabus : 'de Brunswick', 'Lectro', 'Lennox', 'Quintal d'Alsace', 'Tête noire 3' ; pour le printemps, 'Bacalan de Rennes', 'Nantais hâtif', 'Roi des précoces'.
Choux de Milan : 'de Pontoise 2', 'Gros des vertus 4', 'Roi des Milans', 'Wintessa'.

Repiquage

En Lune descendante, devant le Cancer et le Scorpion

D'avril à fin juillet et en septembre, repiquez les plants en pépinière. Pralinez les racines, installez-les tous les 15 cm en enterrant la base des tiges. Arrosez et maintenez le sol frais.

Plantation

En Lune descendante, devant le Cancer et le Scorpion

De mi-mai à fin août, installez les choux cabus puis de Milan semés au printemps, quand ils présentent cinq à six feuilles. En régions douces, plantez les choux cabus de printemps de mi-octobre à fin novembre. En climat plus froid ou humide, faites-le en mars, en pleine terre ou sous tunnel. Éliminez les choux borgnes, leur bourgeon terminal a été piqué par un insecte et ne formera pas de pomme. Pralinez les racines nues dans une boue épaisse pour assurer une bonne reprise. Enterrez les tiges jusqu'aux premières feuilles. Espacez les pieds de 40 à 60 cm en tous sens selon les variétés. Tassez et arrosez abondamment. Maintenez le sol frais.

Entretien

En Lune descendante, devant le Cancer et le Scorpion

Binez et désherbez régulièrement. Arrosez par temps sec, le sol ne doit jamais sécher longtemps. Paillez lorsque la terre est réchauffée au printemps, écartez le paillis des pieds en automne et en hiver.

Multiplication

Renouvelez vos achats de graines.

Maladies et parasites

Altises, fonte des semis, hernie du chou, limaces, mouche du chou, noctuelle du chou, piérides.

Récolte et conservation

En Lune ascendante, devant les Poissons

D'août aux gelées, coupez les choux cabus sensibles au froid, les autres se protègent avec un tunnel ou se récoltent jusqu'en décembre en régions douces. Les choux de Milan supportent jusqu'à – 10 °C et restent en place jusqu'en mars. Les choux cabus de printemps se récoltent en mai-juin.

CALENDRIER DE CULTURE

	M	A	M	J	J	A	S	O	N	D	J	F
Semis	22	18, 19	15, 16	12			2					
Repiquage		10, 27	7, 25	3, 4, 21			21					
Plantation			7, 25	3, 4, 21	1, 18, 28, 29	14, 15, 25		8, 18, 19				
Récolte	22		15, 16	12		5, 6	2, 29	27	23	20	16	12, 13 (avant 11 h 55)

En vert, la période idéale pour semer en pépinière les choux cabus et de Milan.

Ciboulette *(Allium schoenoprasum)*

Cette aromatique accepte tous les sols, plutôt riches, bien drainés en hiver, mais frais en été. Elle apprécie le soleil ou l'ombre légère. La partie aérienne disparaît aux premiers froids et repousse chaque année. Placez-la le long d'une allée ou dans un coin réservé aux plantes aromatiques.

LÉGUME-FEUILLE

Constellations lunaires :

Préparez et enrichissez le sol, plantez, entretenez, taillez et multipliez quand la Lune descendante passe devant le Cancer et le Scorpion.

Semez et récoltez quand la Lune ascendante passe devant les Poissons.

Famille : Alliacées.
Cycle : vivace.
Durée de germination des graines : 2 à 3 ans.
Temps de germination : 10 à 15 jours à 15 °C.
Récolte : avril aux gelées.

Rotation

La ciboulette fait partie des légumes-feuilles. Changez les pieds de place tous les trois à quatre ans en les divisant. Évitez un emplacement occupé précédemment par un légume de la même famille botanique et n'en cultivez pas un autre après elle.

Associations

La proximité avec des carottes est bénéfique pour éloigner les mouches qui sont sensibles à l'odeur de son feuillage. Le voisinage avec des Fabacées, fèves, haricots et pois, n'est pas favorable.

Préparation et enrichissement du sol

En Lune descendante, devant le Cancer et le Scorpion

Ameublissez le sol sur environ 30 cm de profondeur, enlevez soigneusement les mauvaises herbes. Apportez en surface du compost ou du fumier bien décomposé entre l'automne et la fin de l'hiver précédant la culture. Griffez la surface avant l'installation.

Semis

En Lune ascendante, devant les Poissons

De février à avril, semez directement en place sur une ou deux lignes espacées de 20 cm. Groupez les semences tous les 15 cm, en quinconce, pour former des touffes et éviter l'éclaircissage, fermez les sillons et tassez bien le sol avec le dos du râteau. Arrosez le sol en pluie fine.

Plantation

En Lune descendante, devant le Cancer et le Scorpion

Opérez en mars-avril avec des touffes achetées en pots. Humidifiez la motte dans une bassine d'eau jusqu'à la disparition des bulles d'air. Dépotez et mettez en place dans un trou préalablement ouvert. Distancez les pieds de 20 cm en tous sens. La ciboulette se cultive aussi très bien en potées ou en jardinières, seule ou avec des aromatiques ayant des exigences proches (cerfeuil, estragon, persil).

Entretien

En Lune descendante, devant le Cancer et le Scorpion

Maintenez le sol propre et aéré par des binages réguliers. Arrosez par temps sec pour conserver des feuilles tendres et vertes.

Taille

En Lune descendante, devant le Cancer et le Scorpion

Les fleurs sont comestibles, mais leur apparition ralentit la production de feuilles. Si vous les consommez, gardez-les sur certains pieds et supprimez-les sur les autres. Si vous n'utilisez pas toutes les feuilles, coupez chaque touffe environ une fois par mois pour les renouveler. Taillez aussi en fin d'automne. Opérez toujours 1 à 2 cm au-dessus du sol.

Variétés

Elles se trouvent plus facilement en graines, 'Jeilo', 'Medium Leaf', 'Polyvit'.

Multiplication

En Lune descendante, devant le Cancer et le Scorpion

Divisez les touffes en mars ou bien en octobre. Séparez-les en plusieurs petites touffes et replantez-les aussitôt à un autre emplacement.

Maladies et parasites

Généralement aucun.

Récolte et conservation

En Lune ascendante, devant les Poissons

La cueillette commence deux mois après le semis et un mois après la plantation et s'effectue régulièrement. Coupez les feuilles avec des ciseaux ou un sécateur. La ciboulette se congèle, mais perd alors de son parfum. Empotez plutôt une touffe en automne et gardez-la dans une pièce claire et peu chauffée pour poursuivre la récolte.

CALENDRIER DE CULTURE

	M	A	M	J	J	A	S	O	N	D	J	F
Semis	22	18, 19										12, 13 (avant 11 h 55)
Plantation	4, 14	10, 27										
Récolte		18, 19	15, 16	12	9, 10	5, 6	2, 29					

En vert, la période idéale pour semer en place ou planter.

Concombre et cornichon *(Cucumis sativus)*

Ces deux plantes apprécient un sol profond, meuble, riche, une exposition chaude et ensoleillée. En début ou en fin de saison, les pieds sont détruits dès qu'il gèle, ils ne poussent qu'à partir de 12 °C et occupent une grande surface.

LÉGUMES-GRAINES ET FRUITS

Constellations lunaires :

Préparez et enrichissez le sol, éclaircissez, plantez, entretenez et taillez quand la Lune descendante passe devant le Lion.

Semez et récoltez quand la Lune ascendante passe devant le Bélier et le Sagittaire.

Famille : Cucurbitacées.
Cycle : annuel.
Durée de germination des graines : 8 à 10 ans.
Temps de germination : 5 jours à 20 °C, 8 à 10 jours en pleine terre.
Récolte : mi-juin à octobre, selon la période de semis.

Rotation

Ils prennent place en quatrième position de la rotation. Ils succèdent aux légumes-racines et devancent les plantes de la famille des Fabacées.

Associations

Les concombres et les cornichons se plaisent à côté des céleris, choux pommés ou fleurs, fèves, haricots, laitues, oignons et pois. Ils redoutent les melons, pommes de terre et tomates.

Préparation et enrichissement du sol

En Lune descendante, devant le Lion

L'automne précédant le semis de vos concombres ou cornichons, couvrez le sol d'une bonne couche de fumier, incorporez-le en surface. Au printemps, affinez la terre et retirez les dernières mauvaises herbes.

Semis

En Lune ascendante, devant le Bélier et le Sagittaire

En mars-avril, à la lumière, semez trois à quatre graines de concombre par godet, à 20-25 °C. De mai à juin, semez les concombres et les cornichons en place. Ouvrez des poquets de 30 cm de profondeur et enrichissez la terre avec du compost bien décomposé. Rebouchez presque complètement et déposez trois à quatre graines. Couvrez de 1 à 2 cm de terre fine, tassez avec les mains et arrosez en douceur.

Variétés

Concombres : 'Gynial', 'le Généreux', 'Lemon', 'Marketer', 'Tanja', 'Vert long maraîcher'.
Cornichons : 'Amélioré de Bourbonne', 'Fin de Meaux', 'Parigyno', 'Vert petit de Paris'.

Éclaircissage

En Lune descendante, devant le Lion

Quelques jours après la levée, supprimez les plants les plus faibles de chaque godet ou poquet pour ne conserver que le plus beau. Laissez les concombres au chaud, endurcissez-les avant la plantation, en les sortant la journée.

Plantation

En Lune descendante, devant le Lion

En avril en régions douces, en mai ailleurs, après les dernières gelées, installez les concombres semés à chaud au jardin.

Entretien

En Lune descendante, devant le Lion

Maintenez le sol propre en le binant. Concombres et cornichons sont gourmands : incorporez en surface des cendres de bois en début de croissance pour favoriser la formation des fruits et arrosez régulièrement pour éviter l'amertume. Paillez le sol.

Taille

En Lune descendante, devant le Lion

Étêtez la tige des concombres après la deuxième feuille, dès que le plant en a quatre. Taillez les deux rameaux après la quatrième feuille quand ils en ont six. Les huit rameaux obtenus portent des fleurs mâles et femelles. Sélectionnez les quatre plus beaux fruits. Taillez les rameaux une feuille après eux, coupez les autres. Lorsque les quatre concombres atteignent le tiers de leur longueur, laissez quatre autres fruits se développer. Pour les cornichons, étêtez seulement la tige principale.

Multiplication

Achetez des semences pour être sûr de la pureté des variétés.

Maladies et parasites

Araignées rouges, fonte des semis, limaces, oïdium, pucerons.

Récolte et conservation

En Lune ascendante, devant le Bélier et le Sagittaire

Cueillez les concombres lorsqu'ils ont atteint leur taille définitive et avant qu'ils ne jaunissent (sauf 'Lemon'). Récoltez les cornichons jeunes, presque quotidiennement.

CALENDRIER DE CULTURE

	M	A	M	J	J	A	S	O	N	D	J	F
Semis	16, 24	12, 21	10, 18	6, 14								
Éclaircissage		2, 3, 29, 30	1, 27, 28	23, 24	21, 22							
Plantation		29, 30	1, 27, 28	23, 24								
Récolte				6, 14	3, 11, 12, 31	8, 27	4, 23, 24	1, 2, 21, 29				

En vert, la période idéale pour semer en place les concombres et cornichons.

LÉGUMES-GRAINES ET FRUITS

Constellations lunaires :

Préparez et enrichissez le sol, éclaircissez, plantez, entretenez et taillez quand la Lune descendante passe devant le Lion.

Semez et récoltez quand la Lune ascendante passe devant le Bélier et le Sagittaire.

Famille : Cucurbitacées.
Cycle : annuel.
Durée de germination des graines : 6 à 8 ans.
Temps de germination : 8 à 15 jours selon la température du sol et les variétés.
Récolte : juin aux gelées, selon les variétés.

Courge *(Cucurbita maxima, C. moschata, C. pepo)*
Courgette *(Cucurbita pepo)*

Toutes les courges et courgettes sont gourmandes en éléments nutritifs et apprécient un sol léger ou plus consistant, mais bien drainé. Le plein soleil et la chaleur sont appréciés.

Rotation

Ces légumes-fruits occupent la quatrième position de la rotation, après les légumes-racines et avant les plantes de la famille des Fabacées.

Associations

Les courges et les courgettes s'entendent avec les choux pommés, haricots à rames et maïs. Éloignez-les des pommes de terre.

Préparation et enrichissement du sol

En Lune descendante, devant le Lion
Opérez l'automne précédent, ameublissez le sol en profondeur et couvrez-le d'une couche de fumier peu décomposé. Incorporez-le en surface au printemps.

Semis

En Lune ascendante, devant le Bélier et le Sagittaire
D'avril à mi-mai, semez à 15 °C en godets remplis de terreau. Courant mai ou début juin pour les courges, jusqu'à la mi-juillet pour les courgettes, semez en place, en poquets distants de 1 m en tous sens pour les variétés non coureuses, de 1,50 m à 2 m pour les coureuses. Enrichissez les poquets de compost mûr et enfoncez-y deux à trois graines à 2 cm de profondeur. Arrosez en douceur.

Variétés

Courges : coureuses, 'Baby Boo', 'Bleu de Hongrie', 'Galeux d'Eysines', 'Muscade de Provence', 'Pomme d'or', 'Red Kuri', 'Rouge vif d'Étampes', 'Sucrine du Berry', 'Sweet Dumpling', 'Turban Turc' ; non coureuses, pâtisson 'Orange', 'Table Queen'.
Courgettes : 'Blanche de Virginie', 'de Nice à fruit rond', 'Diamant', 'Géode', 'Gold Rush', 'Verte de Milan'.

Éclaircissage

En Lune descendante, devant le Lion

Quelques jours après la levée, conservez le plus beau plant de chaque godet ou poquet. Arrachez les autres, tassez la terre autour des tiges et arrosez.

Plantation

En Lune descendante, devant le Lion

Lorsque le sol est réchauffé, mettez les plants semés à chaud en place aux mêmes distances que les semis en pleine terre. Ouvrez des trous de 30 cm de profondeur et ajoutez du compost à la terre. Rebouchez en partie. Humidifiez les mottes et dépotez (sauf les godets en tourbe). Placez le haut des mottes juste au niveau d'origine. Tassez avec les mains et arrosez sans mouiller le feuillage.

Entretien

En Lune descendante, devant le Lion

Binez et arrosez par temps sec, sans mouiller le feuillage. Paillez en juin.

Taille

En Lune descendante, devant le Lion

Coupez la tige des variétés coureuses au-dessus de la deuxième feuille, sans compter les cotylédons, dès qu'elle en porte quatre. Taillez les rameaux deux feuilles après les fruits et les jeunes pousses en surnombre.

Multiplication

Renouvelez les graines pour conserver la pureté variétale.

Maladies et parasites

Limaces, oïdium, pucerons.

Récolte et conservation

En Lune ascendante, devant le Bélier et le Sagittaire

Opérez trois à quatre mois après le semis pour les petites courges à consommer rapidement. Pour une bonne conservation, récoltez le plus tard possible avant les gelées. Stockez-les à environ 20 °C. Les courgettes se cueillent de juin aux gelées, quand elles mesurent 20 cm de longueur ou ont la grosseur d'une balle de tennis.

CALENDRIER DE CULTURE

	M	A	M	J	J	A	S	O	N	D	J	F
Semis		12, 21	10, 18	6, 14	3, 11, 12							
Éclaircissage		29, 30	1, 27, 28	23, 24	21, 22							
Plantation			1, 27, 28	23, 24								
Récolte				6, 14	3, 11, 12, 31	8, 27	4, 23, 24	1, 2, 21, 29				

En vert, la période idéale pour semer en place les courges et courgettes.

Épinard *(Spinacia oleracea)*

LÉGUME-FEUILLE

L'épinard se plaît en sol consistant, riche, frais, mais bien drainé. Semez les variétés d'hiver en plein soleil, ceux de printemps plutôt à la mi-ombre afin de retarder la montée à graines.

Rotation

Cultivez les épinards en deuxième position de la rotation, après une plante de la famille des Fabacées qui aura enrichi le sol en azote et avant un légume-racine.

Associations

Il s'entend avec de nombreuses plantes potagères, les blettes, carottes, fraisiers, haricots, laitues, oignons, poireaux, pommes de terre, radis et tomates.

Préparation et enrichissement du sol

En Lune descendante, devant le Cancer et le Scorpion

Ameublissez le sol en profondeur. En automne pour les semis de printemps ou en été pour les semis d'automne, apportez, de un à trois mois à l'avance, du compost bien décomposé et de la corne broyée. Enfouissez-les par un griffage superficiel.

Semis

En Lune ascendante, devant les Poissons

Semez directement en place les épinards de printemps en mars-avril et ceux d'hiver, d'août à mi-octobre. Ouvrez un ou plusieurs sillons profonds de 1 à 2 cm le long d'un cordeau, espacez-les de 30 cm environ. Répartissez bien les graines pour limiter l'éclaircissage et couvrez-les de terre fine. Tassez fortement avec le dos du râteau et arrosez en pluie fine. Maintenez le sol frais jusqu'à la germination.

Constellations lunaires :

Préparez et enrichissez le sol, éclaircissez et entretenez quand la Lune descendante passe devant le Cancer et le Scorpion.

Semez et récoltez quand la Lune ascendante passe devant les Poissons. Multipliez quand la Lune ascendante passe devant le Bélier et le Sagittaire.

Famille : Chénopodiacées.
Cycle : annuel ou bisannuel.
Durée de germination des graines : 4 à 5 ans.
Temps de germination : 7 à 15 jours.
Récolte : avril à juin pour les épinards de printemps, octobre à avril pour ceux d'hiver.

Variétés

Épinards de printemps : 'America', 'Junius', 'Lagos', 'Matador' (ou 'Viking'), 'Multoverde', 'Palco', 'Résistatou' (ou 'Emilia'), 'Vroeg Reuzenblad'.

Épinards d'hiver : 'America', 'Géant d'hiver', 'Monstrueux de Viroflay', 'Multoverde', 'Palco', 'Résistatou' (ou 'Emilia'), 'Vroeg Reuzenblad'.

Éclaircissage

En Lune descendante, devant le Cancer et le Scorpion

Deux à trois semaines après le semis, lorsque quatre à cinq vraies feuilles sont formées sans compter les cotylédons, supprimez les pieds les plus faibles et conservez un plant tous les 10 à 15 cm.

Entretien

En Lune descendante, devant le Cancer et le Scorpion

Binez et désherbez régulièrement. Arrosez par temps sec, puis paillez le sol autour des semis de printemps. En le conservant frais entre les apports d'eau, vous retarderez la montée à graines et prolongerez d'autant les récoltes. Pour les variétés d'hiver, évitez le paillage, il retient trop l'humidité. Les arrosages ne sont généralement pas nécessaires à cette saison. Protégez des limaces avec des granulés biologiques.

Multiplication

En Lune ascendante, devant le Bélier et le Sagittaire

Sélectionnez quelques beaux pieds qui portent des graines. Coupez les extrémités des tiges en été, un peu avant la pleine maturité et la dispersion des semences. Égrenez juste avant de semer.

Maladies et parasites

Limaces, mildiou, pucerons.

Récolte et conservation

En Lune ascendante, devant les Poissons

Cueillez les épinards de printemps, d'avril à la montée à graines et les variétés d'hiver d'octobre à mars-avril. Coupez les feuilles de la périphérie plus développées, de nouvelles se forment au centre. En fin de production, arrachez les pieds et détachez les feuilles. Les jeunes pousses se dégustent crues en salade.

CALENDRIER DE CULTURE

	M	A	M	J	J	A	S	O	N	D	J	F
Semis	22	18, 19				5, 6	2, 29					
Éclaircissage		10, 27	7, 25			25	11, 21	8, 18, 19				
Récolte	22	18, 19	15, 16	12				27	23	20	16	12, 13 (avant 11 h 55)

En vert, la période idéale pour semer en place les épinards de printemps (mars) et d'hiver (août).

LÉGUME-GRAINE ET FRUIT

Constellations lunaires :

Préparez et enrichissez le sol, plantez, entretenez et multipliez quand la Lune descendante passe devant le Lion.

Récoltez quand la Lune ascendante passe devant le Bélier et le Sagittaire.

Famille : Rosacées.
Cycle : vivace.
Récolte : mi-mai à octobre.

Fraisier *(Fragaria sp.)*

La plante apprécie un sol profond, meuble, riche, frais en été, bien drainé avec un pH ni trop acide, ni trop calcaire (entre 6 et 7,5). Plantez les fraisiers en plein soleil ou à l'ombre légère dans les régions chaudes.

Rotation

Les fraisiers font partie des légumes-fruits du quatrième groupe. Plantez-les après un légume-racine (pomme de terre ou oignon), une plante de la famille des Fabacées les remplacera. Ils restent au même emplacement généralement trois ans.

Associations

Le fraisier s'accorde avec l'ail, l'échalote, les épinards, haricots, laitues, oignons et poireaux. La bourrache attire les insectes butineurs, ce qui favorise la production de fruits. Il ne s'entend pas avec les choux pommés, fleurs ou raves.

Préparation et enrichissement du sol

En Lune descendante, devant le Lion

Pour une plantation au printemps, travaillez le sol l'automne précédent ou en fin d'hiver et un mois avant une installation de fin d'été. Ameublissez-le en profondeur, désherbez et apportez en surface de 3 à 4 kg de fumier ou de compost. Enfouissez-le superficiellement avant la mise en place des plants.

Plantation

En Lune descendante, devant le Lion

En mars-avril, installez les plants de variétés remontantes vendus en godets. Hydratez les mottes, puis laissez-les s'égoutter. Sur deux ou trois lignes espacées de 40 cm, ouvrez des trous tous les 30 cm, en quinconce. Apportez un peu de corne broyée ou un engrais naturel fraisiers au fond,

Variétés

Fraisiers non remontants : 'Ciflorette', 'Cireine', 'Fantastica', 'Gariguette', 'Gorella', 'Madame Moutot'.
Fraisiers remontants : 'Anaïs', 'Annabelle', 'Charlotte', 'Cirafine', 'Gentonova', 'Maestro', 'Mara des bois', 'Ostara'.

puis couvrez d'une couche de terre. Dépotez les godets et placez chaque motte dans un trou de sorte que le haut affleure la surface. Bouchez, tassez et arrosez.
Entre la mi-août et la mi-octobre, installez toutes les variétés, vendues en godets ou à racines nues. Pour ces dernières, faites tremper les racines dans une boue épaisse. Préparez les emplacements comme indiqué précédemment. Mettez les plants de fraisiers en étalant les racines dans toutes les directions, mais dirigées vers le bas. Le collet, séparation entre les racines et les pétioles des feuilles, doit se trouver à la surface. Il ne doit être ni enterré ni hors de terre. Rebouchez, tassez et arrosez.

Entretien

En Lune descendante, devant le Lion
Binez entre les pieds et les rangs pour enlever les mauvaises herbes. Arrosez les jeunes plantations et tous les fraisiers en été, sans mouiller les feuilles ni les fruits. Chaque année, en automne ou en fin d'hiver, incorporez du compost bien décomposé autour des pieds. Avant la floraison, enfouissez un engrais fraisiers, puis paillez. Le sol restera frais, les fruits propres et vous éviterez les dégâts des limaces.

Multiplication

En Lune descendante, devant le Lion
La troisième année de production de fraisiers achetés, en été, laissez des stolons s'enraciner et se développer. Séparez-les des pieds mères en fin d'été et plantez-les dans un nouvel emplacement préalablement enrichi. Ils vont produire pendant trois ans. Ensuite, achetez de nouveaux plants.

Maladies et parasites

Chlorose, limaces, maladie des taches pourpres, oïdium, pourriture grise.

Récolte et conservation

En Lune ascendante, devant le Bélier et le Sagittaire
Les fraises non remontantes produisent de mi-mai à mi-juillet selon les variétés et les régions. La production est groupée sur trois à quatre semaines, ce qui est idéal pour réaliser des confitures. Les variétés remontantes fructifient en juin-juillet, puis à nouveau d'août aux gelées. En installant des variétés des deux catégories, vous récolterez des fraises presque en continu de mi-mai à octobre.

CALENDRIER DE CULTURE

	M	A	M	J	J	A	S	O	N	D	J	F
Plantation	5 au 7	2, 3, 29, 30				17, 18	13, 14	11				
Récolte			10, 18	6, 14	3, 11, 12, 31	8, 27	4, 23, 24	1, 2, 21, 29				

En vert, la période idéale pour planter tous les fraisiers.

LÉGUME-GRAINE ET FRUIT

Constellations lunaires :

Préparez et enrichissez le sol et entretenez quand la Lune descendante passe devant le Lion.

Semez, multipliez et récoltez quand la Lune ascendante passe devant le Sagittaire et le Bélier.

Famille : Fabacées.
Cycle : annuel.
Durée de germination des graines : 3 ans.
Temps de germination : 5 à 10 jours.
Récolte : mi-juin à octobre.

Haricot *(Phaseolus vulgaris)*

Nains ou grimpants, les haricots apprécient un sol léger, frais et se réchauffant vite au printemps. Ils redoutent un sol trop calcaire et trop humide. Ils se sèment en toutes régions en plein soleil.

Rotation

Ce légume de la famille des Fabacées se cultive en tête de rotation, après des Alliacées, des choux de Bruxelles, courges, tomates ou choux-fleurs. Des choux pommés, laitues ou épinards profiteront ensuite de l'azote laissé en place par les haricots.

Associations

Les haricots s'accordent avec les aubergines, carottes, céleris, choux, concombres, épinards, fraisiers, laitues et pommes de terre. Ils n'aiment pas la compagnie de l'ail, du fenouil, des betteraves, échalotes, oignons et pois.

Préparation et enrichissement du sol

En Lune descendante, devant le Lion

Travaillez le sol sans le retourner à l'automne pour l'ameublir. N'apportez pas de fumure, les haricots se contentent des apports précédents, puis enrichissent le sol en azote grâce à leurs nodosités.

Semis

En Lune ascendante, devant le Bélier et le Sagittaire

Commencez les semis quand la température du sol atteint 10 à 12 °C, en avril dans le Midi, vers la mi-mai dans les autres régions. Les haricots verts à filets et mangetout se sèment jusqu'à fin juillet ; les variétés à grains, à déguster en frais, jusqu'à la mi-juillet et celles à consommer en sec, jusqu'à la mi-juin. Pour les haricots nains, espacez les lignes

Variétés

Haricots nains : verts à filets, 'Fin de Bagnols', 'Morgane', 'Triomphe de Farcy' ; verts à filets sans fils et mangetout, 'Argus', 'Contender' 'Delinel', 'Processor', 'Talisman' ; beurre, mangetout, 'Major', 'Rocbrun', 'Rocdor' ; à grains, 'Chevrier vert', 'Coco nain blanc précoce', 'Mogex'.

Haricots à rames : mangetout, 'Fortex', 'Mélissa', 'Monte Cristo', 'Neckargold', 'Phenomeen' (ou 'Phénomène'), 'Ramdor' ; à grains, 'Coco de Prague langue de feu', 'Michelet à rames', 'Soissons gros blanc', 'Soissons vert à rames'.

de 40 cm, avec une profondeur de 2 à 3 cm. Posez un grain tous les 5 à 8 cm ou cinq à six grains tous les 40 cm, en quinconce d'un rang à l'autre. Pour les variétés grimpantes, distancez deux rangs de 70 cm, les trous de 50 cm et mettez cinq à sept grains dans chacun. Fermez les sillons ou les trous, tassez et arrosez en pluie fine.

Entretien

↘ En Lune descendante, devant le Lion

Binez après la levée et buttez deux à trois semaines plus tard. Placez alors les rames pour les variétés grimpantes. À la récolte, n'arrachez pas les pieds de vos haricots, mais coupez-les au ras du sol. Vous laissez ainsi les nodosités présentes sur les racines en terre. En se décomposant, elles libèrent l'azote fixé par les plantes.

Multiplication

↗ En Lune ascendante, devant le Bélier et le Sagittaire

Récoltez les premiers haricots arrivés à maturité sur des pieds vigoureux et sains, isolés d'autres variétés. Faites sécher les gousses puis écossez-les. Ensachez les grains et étiquetez.

Maladies et parasites

Anthracnose, bruche, chlorose, graisse, pucerons, rouille.

Récolte et conservation

↗ En Lune ascendante, devant le Bélier et le Sagittaire

Deux mois à deux mois et demi après le semis, cueillez les haricots verts à filets jeunes, tous les deux jours, ceux à filets sans fils et les mangetout une à deux fois par semaine. Consommez-les le plus vite possible. La récolte des grains frais débute trois mois après le semis, quand les grains sont bien formés, avant que les gousses se rident. Les haricots à grains secs se récoltent quand les gousses sont desséchées. Cueillez les gousses ou coupez les pieds pour les nains, suspendez-les alors pour terminer le séchage dans un local bien aéré. Un passage des grains quelques jours au congélateur évite les attaques des bruches.

CALENDRIER DE CULTURE

	M	A	M	J	J	A	S	O	N	D	J	F
Semis		12, 21	10, 18	6, 14	3, 11, 12, 31							
Récolte				6, 14	3, 11, 12, 31	8, 27	4, 23, 24	1, 2, 21, 29				

En vert, la période idéale pour semer en place.

Laitue *(Lactuca sativa)*

LÉGUME-FEUILLE

Constellations lunaires :

Préparez et enrichissez le sol, éclaircissez, plantez et entretenez quand la Lune descendante passe devant le Cancer et le Scorpion.

Semez et récoltez quand la Lune ascendante passe devant les Poissons.

Famille : Astéracées.
Cycle : annuel, parfois bisannuel.
Durée de germination : 4 à 5 ans.
Temps de germination : 5 à 10 jours selon la température du sol.
Récolte : presque toute l'année.

Les laitues se plaisent dans un sol fertile, meuble, frais, mais bien drainé. Installez-les au soleil ou à la mi-ombre en été car elles craignent la chaleur et la sécheresse.

Rotation

Les laitues font partie du deuxième groupe de la rotation, elles prennent la suite d'une Fabacée qui a enrichi le sol en azote. Cultivez ensuite un légume-racine.

Associations

Les laitues voisinent avec l'ail, l'échalote, les betteraves, carottes, choux, concombres, épinards, fraisiers, haricots, navets, pois, poireaux et radis. Éloignez-les des céleris et du persil.

Préparation et enrichissement du sol

En Lune descendante, devant le Cancer et le Scorpion

À l'automne précédent ou en fin d'hiver, ameublissez les parcelles réservées aux premiers semis ou plantations, puis, si possible un mois à l'avance.

Semis

En Lune ascendante, devant les Poissons

En mars, puis en janvier-février, semez les laitues de printemps à 12-15 °C, en terrines ou sous abri bien exposé en régions douces. D'avril à août, semez celles d'été et d'automne, en pépinière ou en place en été pour une meilleure reprise. En août-septembre, semez en pépinière les laitues d'hiver. En pépinière, espacez les rangs de 15 cm, en place espacez-les de 30 cm. Disposez bien les semences pour limiter l'éclaircissage. Couvrez les graines de terre fine, tassez les sillons refermés, arrosez et maintenez le sol frais jusqu'à la levée.

Variétés

Laitues batavias : de printemps, 'Blonde de Paris', 'de Pierre bénite', 'Dorée de printemps' ; d'été et d'automne, 'Kamikaze', 'Reine des glaces' (ou 'Frisée de Beauregard'), 'Rouge grenobloise'.
Laitues pommées : de printemps, 'Appia', 'Gotte jaune d'or', 'Novappia', 'Reine de mai' ; d'été et d'automne, 'Craquerelle du Midi', 'Kinemontepas', 'Sucrine' ; d'hiver, 'Brune d'hiver', 'de Verrières', 'Merveille d'hiver', 'Rougette de Montpellier', 'Val d'Orge'.
Laitues à couper : de printemps, 'à Couper feuille de chêne blonde à graine noire', 'Red Salad Bowl', 'Salad Bowl' ; d'été et d'automne, 'Frisée d'Amérique', 'Hussarde', 'Querido'.
Laitues romaines : d'été et d'automne, 'Blonde maraîchère', 'Pomme en terre' ; d'hiver, 'Rouge d'hiver', 'Verte maraîchère'.

Éclaircissage

En Lune descendante, devant le Cancer et le Scorpion

Deux à trois semaines plus tard, éclaircissez les jeunes plants semés en place ou en pépinière pour en conserver un beau tous les 30 cm. Ne les jetez pas, mais installez-les en lignes, en procédant comme pour une plantation (voir ci-après).

Plantation

En Lune descendante, devant le Cancer et le Scorpion

Trois à quatre semaines après le semis en terrines ou en pépinière, un mois à un mois et demi après pour les laitues d'hiver, au stade trois à cinq vraies feuilles, installez-les à 30 cm en tous sens. Avec une motte, rebouchez sans enterrer le collet ; à racines nues, laissez flotter le collet jusqu'à la reprise. Réduisez les grandes feuilles. Arrosez et protégez des limaces.

Entretien

En Lune descendante, devant le Cancer et le Scorpion

Binez, arrosez sans mouiller les feuilles et désherbez. Paillez sauf en hiver.

Multiplication

Achetez des semences du commerce.

Maladies et parasites

Fonte des semis, limaces, pucerons, taupins.

Récolte et conservation

En Lune ascendante, devant les Poissons

Les laitues de printemps se récoltent un à deux mois après le semis, celles d'été et d'automne de mi-mai à fin novembre et celles d'hiver de mars à mai de l'année suivant le semis.

CALENDRIER DE CULTURE

	M	A	M	J	J	A	S	O	N	D	J	F
Semis	22	18, 19	15, 16	12	9, 10	5, 6	2, 29				16	12, 13 (avant 11 h 55)
Éclaircissage	4, 14	10, 27	7, 25	3, 4, 21	1, 18, 28, 29	14, 15, 25	11, 21	8, 18, 19				
Plantation	4, 14	10, 27	7, 25	3, 4, 21	1, 18, 28, 29	14, 15, 25	11, 21	8, 18, 19	4, 5			
Récolte	22	18, 19	15, 16	12	9, 10	5, 6	2, 29	27	23			

En vert, la période idéale pour semer en pépinière les laitues d'été.

Navet *(Brassica rapa)*

LÉGUME-RACINE

Constellations lunaires :

Préparez et enrichissez le sol, éclaircissez, entretenez et récoltez quand la Lune descendante passe devant la Vierge.

Semez quand la Lune ascendante passe devant le Capricorne et le Taureau.

Famille : Brassicacées.
Cycle : bisannuel, cultivé en annuel.
Durée de germination des graines : 4 à 5 ans.
Temps de germination : 8 à 10 jours.
Récolte : mai à juillet et en octobre-novembre.

Ce légume se développe dans un sol léger, meuble, riche, neutre à légèrement acide. Le soleil est préférable au printemps et en automne, la mi-ombre en été, car il craint la sécheresse.

Rotation

Ce légume-racine fait partie du troisième groupe de la rotation. Il se cultive après les légumes-feuilles et avant les plantes gourmandes ou sobres.

Associations

Le navet fait bon ménage avec les aromatiques (aneth, menthe, romarin), carottes, céleris, épinards, haricots, laitues, pois et tomates. Il ne s'accorde pas avec les oignons.

Préparation et enrichissement du sol

En Lune descendante, devant la Vierge

Travaillez le sol à l'automne précédent pour les navets de printemps et d'été, quelques semaines avant le semis pour les navets à récolter à l'automne. Affinez-le, désherbez et apportez du compost bien décomposé quelques semaines avant de semer.

Semis

En Lune ascendante, devant le Capricorne et le Taureau

Semez les navets de printemps et d'été, de mars à mai et ceux d'automne en juillet-août. Le long d'un cordeau, ouvrez des lignes espacées de 20 cm. Dispersez bien les graines pour limiter l'éclaircissage. Couvrez-les légèrement avec de la terre fine, tassez avec le dos du râteau et arrosez en douceur. Maintenez le sol frais jusqu'à la germination. Les premiers semis peuvent se réaliser sous châssis.

Variétés

Navets de printemps et d'été : 'de Croissy', 'de Nancy à feuille entière', 'Market Express', 'Rouge plat hâtif à feuille entière' (ou 'de Milan rouge'), 'Tokyo Top'.
Navets d'hiver : 'Blanc dur d'hiver', 'des Vertus marteau', 'Jaune boule d'or', 'Noir long de Caluire', 'Petrowski', 'Rave d'Auvergne hâtive', 'Rond boule de neige', 'Royal Crown'.

Éclaircissage

En Lune descendante, devant la Vierge

Deux à trois semaines après le semis, quand les jeunes plants présentent deux à trois vraies feuilles, arrachez les plus faibles pour en conserver un tous les 10 à 15 cm.

Entretien

En Lune descendante, devant la Vierge

Griffez la terre pour l'aérer et enlever les mauvaises herbes. Arrosez souvent le sol pour éviter que les racines deviennent creuses et le feuillage pour chasser les altises. Protégez des limaces et paillez à partir de mai.

Multiplication

Achetez des semences pour conserver la pureté variétale.

Maladies et parasites

Altises, hernie du chou, limaces, mildiou, mouche du navet.

Récolte et conservation

En Lune descendante, devant la Vierge

Au printemps et en été, arrachez les navets environ deux mois après le semis, à mesure de vos besoins. Ils se conservent quelques jours au frais avant leur consommation. Pour assurer une bonne conservation hivernale des navets semés en juillet ou en août, arrachez-les au moins trois mois après le semis. Procédez lors d'une période sèche et avant les fortes gelées. Enlevez la terre autour des racines, laissez-les au sol une journée pour qu'elles se ressuient. Coupez les feuilles à leur base et les fines racines. Placez-les en silo, à la cave ou au jardin, dans du sable sec. En régions froides, complétez la protection avec une couche de feuilles mortes. Maintenez-la en place avec un peu de terre ou des planches. Protégez des rongeurs avec un grillage fin. Les navets se conservent ainsi quelques mois.

CALENDRIER DE CULTURE

	M	A	M	J	J	A	S	O	N	D	J	F
Semis	18, 26, 27	14, 22 au 24	12, 20, 21		5, 13 au 15 (avant 18 h 13)	1, 9 au 11, 29						
Éclaircissage		5, 6	2, 3, 29 au 31	26, 27	23 au 25 (avant 10 h)	19, 20	15, 16, 18					
Récolte			2, 3, 29 au 31	26, 27	23 au 25 (avant 10 h)	19, 20	15, 16, 18	13, 15				

En vert, la période idéale pour semer en place les navets de printemps (mars) et d'automne (juillet).

Oignon *(Allium cepa)*

LÉGUME-RACINE

Cultivez l'oignon en sol neutre ou peu calcaire, léger, riche, mais non fumé récemment et bien drainé. Le soleil et un climat assez doux sont nécessaires.

Rotation

Légume-racine sobre, il se contente des reliquats de fumure et fait partie du quatrième groupe de la rotation. Il succède aux autres légumes-racines et précède une Fabacée (légume, engrais vert).

Associations

Il s'entend bien avec les betteraves, carottes, concombres, courges, fraisiers, laitues et tomates. Éloignez-le des choux, fèves, haricots, navets, pois et pommes de terre qui ne lui sont pas favorables.

Préparation et enrichissement du sol

En Lune descendante, devant la Vierge

Choisissez un emplacement non fertilisé depuis un an et qui n'a pas été occupé par un engrais vert de la famille des Fabacées. Ameublissez le sol quelques semaines avant le semis. Désherbez soigneusement.

Semis

En Lune ascendante, devant le Capricorne et le Taureau

Semez les oignons blancs en mars-avril ou en février, en place, de mi-août à mi-septembre en pépinière. Opérez aux mêmes moments pour ceux de couleurs, mais seulement en régions douces à la fin de l'été. En place, ouvrez des rangs larges, avec la panne de la serfouette. Écartez-les de 30 cm, couvrez les semences de 1 à 2 cm de terre. Tassez et arrosez en pluie fine. En pépinière, espacez les lignes de 10 à 15 cm et dispersez les graines. Bouchez, tassez et arrosez.

Constellations lunaires :

Préparez et enrichissez le sol, éclaircissez, plantez, entretenez et récoltez quand la Lune descendante passe devant la Vierge.

Semez quand la Lune ascendante passe devant le Capricorne et le Taureau.

Famille : Alliacées.
Cycle : bisannuel, cultivé en annuel.
Durée de germination des graines : 2 ans.
Temps de germination : 10 à 20 jours selon la température du sol.
Récolte : avril à septembre selon l'époque du semis.

Variétés

Oignons blancs : à semer au printemps ou en fin d'été, 'de Barletta', 'de Vaugirard', 'Elody', 'Premier', 'Printanier parisien', 'Prompto' ; en fin d'été, 'de Paris'.
Oignons de couleurs : à semer au printemps, 'de Brunswick', 'Espagnol', 'Paille des vertus', 'Pâle de Niort', 'Red Baron', 'Rouge de Florence', 'Sturon' ; en fin d'été, 'Olympic', 'Pâle de Niort', 'Rouge de Florence'.

Éclaircissage

En Lune descendante, devant la Vierge

Six semaines plus tard, quand les feuilles mesurent 10 cm, arrachez les plus frêles oignons semés en place. Conservez un beau plant tous les 5 cm pour les oignons blancs et tous les 15 cm pour ceux de couleurs.

Plantation

En Lune descendante, devant la Vierge

En octobre-novembre, installez les jeunes plants d'oignons blancs et de couleurs semés en fin d'été, en lignes espacées de 20 cm, tous les 8 à 10 cm. Raccourcissez au préalable les racines à 1 cm de leur base et l'extrémité des feuilles. Tassez la terre autour de chaque bulbe. Les oignons blancs peuvent rester en pépinière en régions froides et être transplantés seulement en février-mars.

Entretien

En Lune descendante, devant la Vierge

Maintenez le sol propre par des binages réguliers. Ne paillez pas et n'arrosez pas, sauf par temps très sec lors de la formation des bulbes.

Multiplication

Achetez des graines tous les ans.

Maladies et parasites

Fonte des semis, mildiou, mouche de l'oignon, pourriture, rouille, thrips.

Récolte et conservation

En Lune descendante, devant la Vierge

Les oignons blancs semés en fin d'hiver s'arrachent les fanes vertes, en mai-juin. Les oignons de couleurs se récoltent à complète maturité, par temps sec, lorsque les fanes sont sèches. Laissez-les se ressuyer sur le sol un ou deux jours. Rentrez-les dans un local aéré et hors-gel. Les oignons semés en fin d'été s'arrachent d'avril à juin et s'utilisent rapidement.

CALENDRIER DE CULTURE

	M	A	M	J	J	A	S	O	N	D	J	F
Semis	18, 26, 27	14, 22 au 24				9 au 11, 29	6, 7					9, 17, 18
Éclaircissage	8 au 10	5, 6	2, 3, 29 au 31	26, 27								
Plantation	8 au 10							13, 15	9, 10			1, 26, 28, 29
Récolte		5, 6	2, 3, 29 au 31	26, 27	23 au 25 (avant 10 h)	19, 20						

En vert, la période idéale pour semer en place les oignons blancs ou de couleurs.

LÉGUMES-GRAINES ET FRUITS

Constellations lunaires :

Préparez et enrichissez le sol, repiquez, plantez, entretenez et taillez quand la Lune descendante passe devant le Lion.

Semez et récoltez quand la Lune ascendante passe devant le Bélier et le Sagittaire.

Famille : Solanacées.
Cycle : annuel.
Durée de germination des graines : 4 ans.
Temps de germination : 10 à 15 jours à 20-22 °C.
Récolte : août aux gelées.

Piment et poivron

(Capsicum annuum, C. frutescens)

Les piments, à la saveur plus ou moins forte, et les poivrons doux apprécient un sol riche, profond, frais. Le soleil et la chaleur sont nécessaires tout au long de leur culture.

Rotation

Les piments et les poivrons appartiennent aux légumes-fruits du quatrième groupe. Ils prennent la suite des légumes-racines et devancent les plantes de la famille des Fabacées.

Associations

Les piments et les poivrons s'accordent avec d'autres Solanacées : aubergines, pommes de terre et tomates.

Préparation et enrichissement du sol

En Lune descendante, devant le Lion
En automne ou en fin d'hiver, travaillez un emplacement ensoleillé. Au printemps, étalez en surface du compost bien décomposé et enfouissez-le légèrement. Évitez les fumures fraîches.

Semis

En Lune ascendante, devant le Bélier et le Sagittaire
En mars ou en février, remplissez une miniserre d'un mélange léger. Écartez les graines de quelques centimètres, couvrez-les de terreau fin. Tassez et arrosez avec un vaporisateur. Fermez la miniserre jusqu'à la levée. Placez à la lumière, sans soleil direct, à 20-25 °C. Maintenez le terreau frais, sans excès, jusqu'à la germination.

Repiquage

En Lune descendante, devant le Lion
Environ un mois après le semis, de mars à mi-mai, arrachez les plants avec une petite motte et

Variétés

Piments : 'de la Bresse', 'de Cayenne', 'd'Espelette', 'Petit marseillais', 'Pili-Pili' (ou piment oiseau), 'Rocotillo'.
Poivrons : 'Corne de taureau jaune' (ou 'Corno di Toro Giallo'), 'Doux d'Espagne', 'Doux très long des Landes', 'Mavras', 'Tequila'.

installez-les un à un en godets, dans un mélange de terreau, de terre légère avec un peu de compost. Maintenez-les au chaud à 18 °C. Aérez et arrosez de temps en temps.

Plantation

En Lune descendante, devant le Lion

D'avril à mi-juin, installez les piments et les poivrons au jardin quand les températures diurnes et nocturnes dépassent 10 °C ou sous abri. Ouvrez des trous plus grands que les mottes tous les 50 cm en tous sens et enrichissez-les avec du compost bien mûr et des cendres. Humidifiez les mottes et dépotez, sauf les godets en tourbe qui sont biodégradables. Dans les régions ventées et pour les variétés hautes, piquez un tuteur. Placez le plant dans le trou en enterrant la base des tiges. Comblez les vides, tassez et arrosez. Attachez les tiges aux tuteurs et protégez des limaces.

Entretien

En Lune descendante, devant le Lion

Binez et désherbez souvent, arrosez par temps sec puis paillez la surface. Attachez les tiges au tuteur avec du raphia à mesure de leur croissance.

Taille

En Lune descendante, devant le Lion

En juillet-août, lorsque le pied porte de douze à quinze fruits, étêtez les rameaux deux feuilles au-dessus des plus hauts. La plante arrêtera de grandir au profit du grossissement et de la maturité des fruits. Supprimez les pousses à la base de la tige principale. Portez des gants pour les piments forts car ils peuvent brûler la peau.

Multiplication

Achetez de nouvelles semences.

Maladies et parasites

Araignées rouges, limaces, pucerons.

Récolte et conservation

En Lune ascendante, devant le Bélier et le Sagittaire

Récoltez les fruits de juillet aux gelées. Verts ou immatures, consommez-les vite ; colorés, ils sont plus juteux et parfumés, et peuvent se sécher au soleil.

CALENDRIER DE CULTURE

	M	A	M	J	J	A	S	O	N	D	J	F
Semis	16, 24											7, 15
Repiquage	5 au 7	2, 3, 29, 30										
Plantation		2, 3, 29, 30	1, 27, 28									
Récolte					3, 11, 12, 31	8, 27	4, 23, 24	1, 2, 21, 29				

En vert, la période idéale pour semer en terrine les piments et poivrons.

LÉGUME-RACINE

Constellations lunaires :

Préparez et enrichissez le sol, plantez, entretenez et récoltez quand la Lune descendante passe devant la Vierge.

Semez quand la Lune ascendante passe devant le Capricorne et le Taureau. Multipliez quand la Lune ascendante passe devant le Bélier et le Sagittaire.

Famille : Alliacées.
Cycle : bisannuel.
Durée de germination des graines : 2 à 3 ans.
Temps de germination : 10 à 20 jours selon la température du sol.
Récolte : juin à février.

Poireau *(Allium porrum)*

Il requiert un sol profond, riche, frais, mais bien drainé. Offrez-lui une exposition ensoleillée. Certaines variétés sont adaptées au froid hivernal, d'autres à la culture estivale.

Rotation

Le poireau se cultive en troisième position de la rotation, après des légumes-feuilles et avant soit des légumes gourmands, soit des légumes sobres.

Associations

Alternez des rangs de poireaux et de carottes. Le poireau repousse la mouche de la carotte et la carotte éloigne la teigne du poireau. Le poireau apprécie aussi les céleris, fraisiers, laitues et tomates, mais ne s'entend pas avec l'ail, les oignons, betteraves, choux, haricots et pois.

Préparation et enrichissement du sol

En Lune descendante, devant la Vierge

L'automne précédent, apportez du fumier aux emplacements prévus pour la plantation. Environ un mois avant l'installation, ameublissez le sol sur 30 cm de profondeur et enlevez les mauvaises herbes. Griffez la surface avant la plantation.

Semis

En Lune ascendante, devant le Capricorne et le Taureau

De mars à mai, semez les poireaux d'automne et d'hiver en pépinière, en lignes espacées de 20 cm. Ouvrez des sillons de 1 à 2 cm de profondeur et déposez une à deux graines tous les 3 à 4 cm. Couvrez avec de la terre légère ou du compost, tassez avec le dos du râteau et arrosez en pluie fine. Maintenez frais jusqu'à la levée. En janvier-février, semez en caissette et maintenez

Variétés

Poireaux à récolter en juin-juillet : 'Atal', 'd'Elbeuf', 'Electra', 'Géant de Suisse' (ou 'Swiss Giant'), 'Malabare', 'Maxim'.
Poireaux d'été et d'automne : 'Jaune gros du Poitou', 'Gros long d'été 2'.
Poireaux d'hiver : 'Bleu de Solaise', 'Bleu d'hiver', 'de Carentan 2', 'Géant d'hiver', 'd'Hiver de Saint-Victor'.

au chaud ou sous châssis en régions douces. Après la levée, aérez souvent pour éviter l'étiolement des plants.

Plantation

En Lune descendante, devant la Vierge

Lorsque les plants ont la grosseur d'un crayon, en avril-mai pour les poireaux d'été semés sous abri, de mai à juillet pour les poireaux d'automne et d'hiver, arrachez les plus beaux pieds et laissez grossir les autres. Coupez les racines à 1 cm de leur base et les extrémités des feuilles. Ouvrez des sillons profonds de 10 cm, espacés de 10 à 30 cm, le double si vous alternez avec des carottes. Placez un plant tous les 10 à 12 cm. Rebouchez de moitié et arrosez. Plantez de la même manière les plants achetés en bottes.

Entretien

En Lune descendante, devant la Vierge

Fermez complètement les sillons, puis buttez les poireaux, en deux ou trois fois, selon la hauteur des fûts. Binez et désherbez régulièrement, arrosez par temps sec. Paillez pour conserver le sol frais en été. Avant les premiers froids, renforcez le paillis avec des feuilles mortes ou de la paille autour des pieds pour faciliter l'arrachage.

Multiplication

En Lune ascendante, devant le Bélier et le Sagittaire

La récolte des graines s'effectue en août-septembre de la seconde année de culture.

Maladies et parasites

Fonte des semis, mildiou, mouche de l'oignon, mouche mineuse, rouille, teigne du poireau, thrips.

Récolte et conservation

En Lune descendante, devant la Vierge

En juin et en juillet, arrachez les poireaux d'été selon vos besoins, puis ceux d'automne et d'hiver entre août et février de l'année suivante. Ces derniers supportent le froid jusqu'à - 20 °C pour les plus rustiques.

CALENDRIER DE CULTURE

	M	A	M	J	J	A	S	O	N	D	J	F
Semis	18, 26, 27	14, 22 au 24	12, 20, 21								12, 20 au 22	9, 17, 18
Plantation		5, 6	2, 3, 29 au 31	26, 27	23 au 25 (avant 10 h)							
Récolte				26, 27	23 au 25 (avant 10 h)	19, 20	15, 16, 18	13, 15	9, 10	6, 7, 9	3, 5, 30	1, 26, 28, 29

En vert, la période idéale pour semer en pépinière les poireaux d'automne et d'hiver.

Pois *(Pisum sativum)*

Les pois se sèment en sol léger, frais, mais bien drainé et en plein soleil. Évitez les terres trop calcaires et humides. Ils apprécient un climat tempéré, pas trop chaud.

LÉGUME-GRAINE ET FRUIT

Constellations lunaires :

Préparez et enrichissez le sol et entretenez quand la Lune descendante passe devant le Lion.

Semez, récoltez et multipliez quand la Lune ascendante passe devant le Bélier et le Sagittaire.

Famille : Fabacées.
Cycle : annuel.
Durée de germination des graines : 2 à 3 ans (pois ridés), 3 à 4 ans (pois ronds).
Temps de germination : 10 à 20 jours selon la température du sol.
Récolte : avril à mi-août selon l'époque du semis.

Rotation

Les pois, comme toutes les Fabacées, enrichissent le sol en azote. Ils se placent en tête de rotation, dans le premier groupe. Les légumes-feuilles qui prennent leur place profitent ainsi de l'azote.

Associations

Les pois se marient bien aux carottes, céleris, choux, concombres, laitues, melons, navets, pommes de terre et radis. Évitez la proximité de l'ail, des échalotes, fèves, haricots, oignons, poireaux, tomates et du persil qui ne conviennent pas.

Préparation et enrichissement du sol

En Lune descendante, devant le Lion

Travaillez le sol à l'automne pour les semis du printemps, au moins un mois à l'avance pour ceux réalisés en automne. N'apportez pas de fumure. Émiettez le sol avant de semer.

Semis

En Lune ascendante, devant le Bélier et le Sagittaire

Semez directement en place les pois ronds et mangetout en mars-avril puis en février en toutes régions, également en octobre-novembre en régions douces. Opérez de mars à mai pour les pois ridés qui craignent plus le froid. Ouvrez des sillons profonds de 1 à 2 cm, espacés de 30 cm pour les variétés naines et de 40 cm pour les grimpantes.

Variétés

Pois ronds : nains, 'Charmette', 'Douce Provence', 'Nain très hâtif' (ou 'd'Annonay'), 'Petit provençal', 'Plein le panier', 'Précovil' ; grimpants, 'Caractacus', 'Express à longue cosse' (ou 'le Généreux'), 'Serpette amélioré', 'Roi des conserves'.

Pois ridés : nains, 'Excellence' (ou 'Excellenz'), 'Merveille de Kelvedon', 'Téléphone nain' ; grimpants, 'Jof', 'Sans pareil', 'Téléphone à rames'.

Pois mangetout : nains, 'Bamby', 'Norly' ; grimpants, 'Carouby de Maussane', 'Corne de bélier', 'Normand'.

Posez un grain tous les 2 ou 3 cm, bouchez et tassez fortement avec le dos du râteau. Arrosez en pluie fine.

Entretien

En Lune descendante, devant le Lion

Maintenez le sol propre par des binages réguliers. Trois semaines après la levée, buttez tous les pois pour favoriser leur enracinement. Posez des rames pour les pois grimpants (jusqu'à 2 m de hauteur), les vrilles s'y accrocheront, les variétés naines se tiendront également mieux et la récolte sera plus facile. Arrosez par temps sec ou paillez la surface. À la dernière récolte, coupez les tiges à leur base. L'azote fixé par les nodosités des racines sera utilisé par le légume suivant.

Multiplication

En Lune ascendante, devant le Bélier et le Sagittaire

Étêtez quelques beaux pieds après la septième fleur. Écossez les gousses sèches et conservez les grains en sachet après un passage au réfrigérateur ou au congélateur pour éliminer les bruches.

Maladies et parasites

Bruches, limaces, mildiou, oïdium.

Récolte et conservation

En Lune ascendante, devant le Bélier et le Sagittaire

En avril-mai, cueillez les pois à grains ronds semés en automne, puis les variétés rondes ou ridées semées au printemps jusqu'à mi-août. Les mangetout se récoltent au tout début de la formation des grains, entre mi-avril et juillet selon l'époque du semis. Les pois ronds ont des grains plus petits, au goût plus fin que les variétés ridées, mais ces dernières sont plus sucrées. Les gousses plates des variétés mangetout n'ont pas de fils et se dégustent telles quelles, après cuisson. Tous les types de pois peuvent se congeler.

CALENDRIER DE CULTURE

	M	A	M	J	J	A	S	O	N	D	J	F
Semis	16, 24	12, 21	10, 18					1, 2, 21, 29	17, 25, 26			7, 15
Récolte		12, 21	10, 18	6, 14	3, 11, 12, 31	8						

En vert, la période idéale pour semer en place tous les pois.

LÉGUME-RACINE

Constellations lunaires :

Préparez et enrichissez le sol, plantez, entretenez et récoltez quand la Lune descendante passe devant la Vierge.

Famille : Solanacées.
Cycle : vivace, cultivé en annuel.
Récolte : mi-avril à septembre.

Pomme de terre

(Solanum tuberosum)

Elle apprécie un sol léger ou profond, mais meuble, bien drainé et riche. L'exposition peut être ensoleillée ou mi-ombragée. Elle se cultive en toutes régions, mais les jeunes pousses craignent les gelées tardives.

Rotation

La pomme de terre fait partie du troisième groupe des principaux légumes-racines. Elle prend place après les légumes-feuilles et précède les légumes sobres ou très gourmands.

Associations

Les pommes de terre font bon ménage avec les choux, échalotes, fèves, haricots, pois. Les désaccords sont nombreux : betteraves, carottes, céleris, concombres, courges, melons, oignons, poivrons et tomates.

Préparation et enrichissement du sol

En Lune descendante, devant la Vierge

Ameublissez l'emplacement prévu l'automne précédent et étalez en surface une couche de fumier ou de compost, tous deux bien décomposés. Un peu avant la plantation, affinez la terre, saupoudrez de cendres de bois riches en potasse et griffez pour les incorporer ainsi que la fumure automnale.

Plantation

En Lune descendante, devant la Vierge

Un mois avant la plantation, placez les plants non germés dans des cageots, dans un abri hors gel et lumineux. Les germes doivent rester compacts. Plantez les variétés primeurs en mars, mais aussi en février, les pommes de terre de conser-

Variétés

Pommes de terre primeur : à chair ferme, 'Amandine', 'Apollo', 'Belle de Fontenay', 'BF 15', 'Chérie'.
Pommes de terre de conservation : à chair ferme, 'Charlotte', 'Nicola', 'Pompadour', 'Roseval' ; à chair tendre, 'Manon', 'Mona Lisa', 'Samba', 'Sirtema' ; à chair farineuse, 'Bintje', 'Désirée', 'Spunta'.

vation en mars-avril, en commençant par les plus tardives. Attendez la fin des plus fortes gelées. Ouvrez des trous en quinconce, espacés de 40 à 50 cm sur des lignes distantes de 60 à 70 cm. Placez un plant dans chaque trou, à 10 cm de profondeur, les germes vers le haut, bouchez sans les casser.

Entretien

En Lune descendante, devant la Vierge

Binez quelques jours après la levée. Quand les plants ont 15 cm de hauteur, buttez-les en ramenant la terre autour des tiges pour les enterrer. Cette opération favorise l'enracinement, la tenue des tiges, la formation des tubercules et les empêche de verdir en les privant de lumière. Recommencez si besoin une ou deux fois en cours de culture. Paillez le sol réchauffé pour conserver sa fraîcheur.

Multiplication

Achetez des tubercules germés ou non, mais certifiés indemnes de virus.

Maladies et parasites

Doryphores, mildiou, rouille, taupins.

Récolte et conservation

En Lune descendante, devant la Vierge

Les pommes de terre primeurs se récoltent avant complète maturité, un peu après la floraison, deux à trois mois après la plantation, de mi-avril à juin. Arrachez les variétés de conservation lorsque leur feuillage est sec, quatre à cinq mois après leur plantation. Utilisez un croc ou une fourche bêche en évitant de fendre les tubercules. Laissez-les sur le sol pendant quelques heures. Rentrez-les dans un local frais, aéré, sombre et hors-gel (de 0 à 5 °C). Dégermez-les régulièrement à la main pour éviter qu'ils perdent leurs réserves.
Les variétés à chair ferme ne se défont pas cuites à l'eau ou à la vapeur, puis en salades ou en légume. Intermédiaires entre les deux autres groupes, les variétés à chair tendre se tiennent un peu moins bien après une cuisson similaire. Elles conviennent aussi aux gratins et se cuisent entières au four. Les variétés à chair farineuse se défont à la cuisson, elles conviennent aux soupes, purées ou en frites.

CALENDRIER DE CULTURE

	M	A	M	J	J	A	S	O	N	D	J	F
Plantation	8 au 10	5, 6										1, 26, 28, 29
Récolte			2, 3, 29 au 31	26, 27	23 au 25 (avant 10 h)	19, 20						

En vert, la période idéale pour planter toutes les pommes de terre.

LÉGUME-RACINE

Constellations lunaires :

Préparez et enrichissez le sol, éclaircissez, entretenez et récoltez quand la Lune descendante passe devant la Vierge.

Semez quand la Lune ascendante passe devant le Capricorne et le Taureau.

Famille : Brassicacées.
Cycle : annuel ou bisannuel.
Durée de germination des graines : 4 à 5 ans.
Temps de germination : 3 à 5 jours.
Récolte : toute l'année.

Radis *(Raphanus sativus)*

Ce légume-racine demande un sol frais, meuble, riche, une exposition ensoleillée à mi-ombragée, appréciée notamment en été par fortes chaleurs. Il se cultive en toutes régions.

Rotation

Le radis fait partie du troisième groupe de légumes, il succède aux légumes-feuilles et précède les plus sobres et les plus gourmands.

Associations

Les radis s'accordent avec les betteraves, carottes, céleris, épinards, fèves, haricots, laitues, pois et tomates. Sa mésentente est connue avec les choux, concombres, courges, navets et le cerfeuil.

Préparation et enrichissement du sol

En Lune descendante, devant la Vierge

Travaillez le sol au minimum un mois à l'avance. Apportez du fumier ou du compost en surface et enfouissez-le un peu avant de semer. Désherbez soigneusement.

Semis

En Lune ascendante, devant le Capricorne et le Taureau

Les radis de tous les mois peuvent se semer toute l'année, en pleine terre de mars à septembre, sous abri à partir d'octobre. De mai à juillet, semez les radis d'été et d'automne et de mi-mai à août ceux d'hiver. Ouvrez des rangs espacés de 20 à 35 cm selon la grosseur des racines. Dispersez les graines dans les sillons profonds de 2 cm, seulement 0,50 cm pour les variétés rondes de radis de tous les mois. Fermez-les, tassez avec le dos du râteau et arrosez en douceur. Maintenez le sol frais.

Variétés

Radis de tous les mois : à cultiver sous abri, racines rondes, 'Gaudo', 'Gaudry 2' ; racines demi-longues, 'Flambo', 'Flamino' ; en pleine terre, 'Cerise', 'de Sézanne', 'National 2', 'Rond écarlate', 'Zlata' ; racines demi-longues, 'de Dix-huit jours', 'Flamboyant 5', 'Mirabeau', 'Pernot clair'.
Radis d'été et d'automne : 'de cinq semaines rose 3', 'd'Été jaune d'or ovale', 'Hilds Roter Neckarruhm', 'Ovale blanc de Munich', 'Neckarruhm Weiss'.
Radis d'hiver : 'Noir gros long d'hiver de Paris', 'Noir gros rond d'hiver', 'Noir long maraîcher' (ou 'Noir long poids d'horloge'), 'Rose d'hiver de Chine', 'Violet de Gournay'.

Éclaircissage

En Lune descendante, devant la Vierge

Dix à vingt jours plus tard, éclaircissez en conservant un beau radis de tous les mois tous les 2 à 3 cm, laissez environ 5 cm entre les radis d'été et d'automne et prévoyez de 12 à 15 cm pour ceux d'hiver, leurs racines étant plus volumineuses. Tassez le sol et arrosez en pluie fine.

Entretien

En Lune descendante, devant la Vierge

Binez et griffez souvent le sol pour l'aérer et le désherber. Des arrosages réguliers sont nécessaires pour limiter le creusement des racines et leur goût piquant.

Multiplication

Achetez de préférence vos semences.

Maladies et parasites

Altises, limaces.

Récolte et conservation

En Lune descendante, devant la Vierge

Elle s'effectue environ un mois après le semis pour les radis de tous les mois, deux mois pour ceux d'été et d'automne et de trois à cinq mois plus tard pour les radis d'hiver. Les variétés d'hiver s'arrachent avant les gelées, par temps sec. Laissez-les se ressuyer sur le sol durant une journée. Coupez les feuilles au-dessus du collet. Conservez-les dans du sable sec, dans une caisse en cave ou dans une fosse au jardin. Protégez-les du froid, mais aussi des rongeurs.

CALENDRIER DE CULTURE

	M	A	M	J	J	A	S	O	N	D	J	F
Semis	18, 26, 27	14, 22 au 24	12, 20, 21	8, 16, 17	5, 13 au 15 (avant 18 h 13)	1, 9 au 11, 29	6, 7, 25, 26	3 au 5, 22, 23, 31	1, 19, 27, 28	17 (avant 13 h 46), 24 au 26	12, 20 au 22	9, 17, 18
Éclaircissage	8 au 10	5, 6	2, 3, 29 au 31	26, 27	23 au 25 (avant 10 h)	19, 20	15, 16, 18	13, 15	9, 10	6, 7, 9	3, 5, 30	1, 26, 28, 29
Récolte	8 au 10	5, 6	2, 3, 29 au 31	26, 27	23 au 25 (avant 10 h)	19, 20	15, 16, 18	13, 15	9, 10	6, 7, 9	3, 5, 30	1, 26, 28, 29

En vert, les périodes idéales pour semer en place les radis de tous les mois.

Romarin *(Rosmarinus officinalis)* Sauge officinale *(Salvia officinalis)* Thym *(Thymus x citriodorus, T. serpyllum, T. vulgaris)*

Tous les trois se plaisent en sol léger, bien drainé, même calcaire ; le soleil leur est indispensable. Ils supportent bien la sécheresse, moins l'humidité.

Rotation

Ces aromatiques sont rattachées aux légumes-feuilles et succèdent à une plante de la famille des Fabacées, elles devancent un légume-racine.

Associations

Leur parfum éloigne de nombreux parasites. Placez-les à proximité des choux, concombres, courgettes et laitues.

Préparation et enrichissement du sol

En Lune descendante, devant le Cancer et le Scorpion

Ameublissez l'emplacement au moins un mois à l'avance ou en automne pour les plantations printanières. Incorporez un peu de compost bien décomposé.

Plantation

En Lune descendante, devant le Cancer et le Scorpion

En mars-avril ou en septembre en régions douces, ouvrez un trou plus grand que le conteneur. Faites-le tremper dans une bassine d'eau jusqu'à la disparition des bulles d'air à la surface de la motte. Laissez égoutter, puis dépotez. Démêlez délicatement si besoin les racines à la main. Ajoutez des graviers au fond du trou en sol un peu lourd pour améliorer le drainage. Ajustez la pro-

LÉGUMES-FEUILLES

Constellations lunaires :

Préparez et enrichissez le sol, plantez, entretenez, taillez et multipliez quand la Lune descendante passe devant le Cancer et le Scorpion.

Récoltez quand la Lune ascendante passe devant les Poissons.

Famille : Lamiacées.
Cycle : vivace.
Récolte : toute l'année.

Variétés

Romarin : 'Corsican Blue', 'Marjorca Pink', 'Prostratus', 'Tuscan Blue'.
Sauge officinale : 'Berggarten', 'Icterina', 'Tricolor', 'Purpurascens'.

Thym : citron (*Thymus* x *citriodorus*), 'Aureus', 'Bertram Anderson', 'Golden Dwarf', 'Silver Queen' ; serpolet (*T. serpyllum*) ; commun (*T. vulgaris*).

fondeur pour que le haut de la motte arrive au niveau d'origine du sol. Placez la motte en faisant descendre les racines et comblez les vides. Tassez avec les mains et arrosez copieusement. Espacez les pieds de sauge et de romarin de 80 cm à 1 m en tous sens et de 20 à 30 cm pour le thym.

Entretien

En Lune descendante, devant le Cancer et le Scorpion

Désherbez régulièrement et arrosez par temps sec la première année. Protégez les jeunes pieds de sauge et de romarin avant les grands froids avec un paillage ou un voile d'hivernage. Dégagez-les par temps doux ou pluvieux pour ne pas conserver l'humidité près de la souche.

Taille

En Lune descendante, devant le Cancer et le Scorpion

Tous les ans en avril, rabattez les tiges les plus anciennes de la sauge et du romarin au-dessus de jeunes pousses pour éviter que les rameaux se dégarnissent à leur base, réduisez les autres. De juin à août, taillez les rameaux du thym pour maintenir une jolie forme aux touffes.

Multiplication

En Lune descendante, devant le Cancer et le Scorpion

Divisez les touffes au printemps ou bouturez les rameaux de l'année en août-septembre.

Maladies et parasites

Généralement aucun.

Récolte et conservation

En Lune ascendante, devant les Poissons

Presque toute l'année, cueillez les feuilles de sauge ou les rameaux de thym et de romarin pour une utilisation immédiate. Ne récoltez pas en périodes de gel. Pour le séchage, taillez les rameaux en été juste avant la floraison. Faites-les sécher suspendus ou à plat dans des cageots, dans un local aéré et sombre. Conservez les feuilles ou les rameaux dans des boîtes hermétiques. Émiettez-les seulement avant leur utilisation.

CALENDRIER DE CULTURE

	M	A	M	J	J	A	S	O	N	D	J	F
Plantation	4, 14	10, 27					11, 21					
Récolte	22	18, 19	15, 16	12	9, 10	5, 6	2, 29	27	23	20	16	12, 13 (avant 11 h 55)

En vert, la période idéale pour planter ces trois aromatiques.

LÉGUME-GRAINE ET FRUIT

Constellations lunaires :

Préparez et enrichissez le sol, repiquez, plantez, entretenez et taillez quand la Lune descendante passe devant le Lion.

Semez, multipliez et récoltez quand la Lune ascendante passe devant le Bélier et le Sagittaire.

Famille : Solanacées.
Cycle : annuel.
Durée de germination des graines : 4 ans.
Temps de germination : 6 à 10 jours.
Récolte : mi-juin à octobre.

Tomate *(Lycopersicon esculentum)*

Avide de soleil et de chaleur, la tomate apprécie aussi un sol riche, léger, meuble, frais et bien drainé.

Rotation

La tomate fait partie des légumes gourmands du quatrième groupe. Elle se cultive après les légumes-racines et avant une Fabacée.

Associations

La tomate s'entend avec l'ail, les carottes, choux, échalotes, oignons, radis, œillets d'Inde, soucis, le basilic et le persil. Éloignez-le des betteraves, concombres, courges et pommes de terre.

Préparation et enrichissement du sol

En Lune descendante, devant le Lion

À l'automne ou en fin d'hiver, ameublissez et fertilisez avec du fumier ou du compost. Cultivez un engrais vert avant les plantations tardives, à enfouir quelques semaines auparavant.

Semis

En Lune ascendante, devant le Bélier et le Sagittaire

En mars-avril, puis en février, remplissez une miniserre de terreau fin. Étalez les graines puis une fine couche de terreau et tassez. Humidifiez et fermez la miniserre. Placez-la dans une pièce claire ou une serre, à 20 °C. Après la levée, aérez et humidifiez de temps en temps, sans excès.

Repiquage

En Lune descendante, devant le Lion

Quand les plants ont deux à trois vraies feuilles, plantez-les en godets remplis de terreau. Enterrez la base de la tige, tassez et arrosez. Conservez-les à la lumière, sans soleil direct et à la chaleur.

Variétés

Rouges : 'Brin de muguet' (port déterminé), 'Cœur de bœuf', 'Délice du jardinier', 'des Andes', 'Miel du Mexique', 'Pyros', 'Roma VF' (port déterminé), 'Russe', 'Saint Pierre'. **Roses :** 'Brandywine', 'Rose de Berne'. **Jaunes :** 'Ananas', 'Lemon Boy', 'Poire jaune', 'Yellow Giant Belgium', 'Sun Gold'. **Vertes :** 'Evergreen', 'Green Zebra'. **Noires :** 'Black Prince', 'Noire de Crimée', 'Purple Calabash'. **Blanches :** 'Beauté blanche', 'Mirabelle blanche', 'White Wonder'.

Plantation

En Lune descendante, devant le Lion

Opérez à partir d'avril, en régions douces ou sous abri, jusqu'à mi-juin, en climat frais. Humidifiez les godets. Ouvrez des trous tous les 50 cm. Ajoutez du compost à la terre. Mettez une poignée d'orties coupées au fond du trou, bouchez en partie. Piquez un tuteur, placez les plants dépotés (sauf pour les godets de tourbe), enterrez la base des tiges. Bouchez, tassez, arrosez et attachez les tiges aux tuteurs.

Entretien

En Lune descendante, devant le Lion

Binez et désherbez, arrosez sans mouiller le feuillage et paillez le sol. Attachez les plants, au niveau des bouquets de fruits pour les soutenir. En fin de culture, arrachez les tomates, ne les mettez pas au compost et désinfectez les tuteurs.

Taille

En Lune descendante, devant le Lion

Supprimez les gourmands à l'aisselle des feuilles, deux fois par semaine. Étêtez les variétés à port indéterminé juste après le quatrième ou le cinquième bouquet de fleurs pour que les fruits grossissent et mûrissent. Les tomates à port déterminé ne s'étêtent pas. En fin de saison, coupez les feuilles près des fruits, pour faciliter leur mûrissement.

Multiplication

En Lune ascendante, devant le Bélier et le Sagittaire

Récoltez de beaux fruits bien mûrs. Versez les graines et le jus dans un verre. Attendez l'apparition d'une moisissure en surface, lavez les graines sous l'eau. Faites-les sécher sur une surface lisse sur laquelle elles ne colleront pas. Ensachez-les et identifiez-les.

Maladies et parasites

Cul noir, mildiou, pucerons.

Récolte et conservation

En Lune ascendante, devant le Bélier et le Sagittaire

Intervenez de mi-juin aux gelées, selon vos besoins et la maturité des fruits.

CALENDRIER DE CULTURE

	M	A	M	J	J	A	S	O	N	D	J	F
Semis	16, 24											7, 15
Repiquage	5 au 7	2, 3, 29, 30	1									
Plantation		2, 3, 29, 30	1, 27, 28									
Récolte				14	3, 11, 12, 31	8, 27	4, 23, 24	1, 2, 21, 29				

En vert, la période idéale pour semer en terrine.

Index

Les numéros de pages **en gras** correspondent aux fiches de culture.

Crédits photographiques

Couverture : iStockphoto (photo du haut) et Eric Brenckle/Rustica (photo du bas).

iStockphoto : pp. 4-5.

Shutterstock : pp. 72-73.

Rustica :
Franck Boucourt : pp. 74 b (Potager de Patricia Auvray), 76 (Potager de Patricia Auvray), 104, 108 (Potager de Miromesnil), 114 (Potager de Patricia Auvray), 116 (Potager de Patricia Auvray). **Frédéric Marre :** pp. 74 h (Le Champ de Pagaille), 80 (Potager La Mercerie), 82 (Le Bois Pinard/Marie Marcat), 86 (École du Breuil), 88 h (Vilmorin), 88 b (Vilmorin), 90 (Vilmorin), 96 h (Le Champ de Pagaille), 96 b (Vilmorin), 98 (Le Champ de Pagaille), 100 (Conservatoire de la fraise), 102, 106 (Le Champ de Pagaille), 110 h (Potager Caillebotte), 122 (Potager de Jean-Marc). **Alexandre Petzold :** pp. 76 (École du Breuil), 78 (Taugourdeau), 110 b (Taugourdeau), 120 h (Château de la Bourdaisière). **Virginie Quéant :** pp. 18-19, 72g, 84 h. **Christian Hochet :** pp. 84 b, 92, 118 (Les Brûlés). **Éric Brenckle :** pp. 94 h (École du Breuil), 94 b (École du Breuil), 112 (Potager du château de Berzé-le-Châtel), 120 m (Jardin de Corcelles). **Vincent Maisons :** p. 120 b.

Courbes lunaires : Laurent Stéfano
Pictogrammes : Michel Marin
Illustrations : Valérie Coeugniet

Direction : Guillaume Pô
Direction éditoriale : Élisabeth Pegeon
Édition : Liza Person-Lisiecki
Création graphique : Sebastian Mendoza
Mise en pages : Véronique Sommeilly
Direction de fabrication : Thierry Dubus
Fabrication : Marie Dubourg

Photogravure : SNO

Sources données lunaires :
Institut de mécanique céleste et de calcul des éphémérides (IMCCE), www.imcce.fr

1re édition – N° d'édition : R23005
ISBN : 978-2-8153-2021-4
Code MDS : RU20214

PEFC
PEFC/14-38-00260

Certifié PEFC

Ce produit est issu de forêts gérées durablement et de sources contrôlées

www.pefc-france.org

Cet ouvrage est fabriqué à partir de matériaux provenant de forêts certifiées PEFC™ bien gérées, de matériaux recyclés et d'autres sources contrôlées garantissant la démarche de développement durable de l'éditeur. Les Éditions Rustica utilisent des papiers composés de fibres naturelles, renouvelables, recyclables et fabriquées à partir de bois issu de forêts qui adoptent un système d'aménagement durable. En outre, les Éditions Rustica attendent de leurs fournisseurs de papier qu'ils s'inscrivent dans une démarche de certification environnementale reconnue.

Achevé d'imprimer en décembre 2022 chez Edelvives (Espagne).